Saveurs d'Espagne

Une Épopée Culinaire Ibérique

Carlos Rodriguez

CONTENU

CORDOBA SALMOREJO 24
   INGRÉDIENTS 24
   Développement 24
   ASTUCE 24

Soupe à l'oignon 25
   INGRÉDIENTS 25
   Développement 25
   ASTUCE 25

SOUPE ITALIENNE AUX LÉGUMES 26
   INGRÉDIENTS 26
   Développement 26
   ASTUCE 27

Bisque de homard 28
   INGRÉDIENTS 28
   Développement 28
   ASTUCE 29

RAGOÛT DE LÉGUMES 30
   INGRÉDIENTS 30
   Développement 30
   ASTUCE 31

AMANDES MAISON 32
   INGRÉDIENTS 32
   Développement 32

- ASTUCE 32
- GÂTEAU AUX COURGETTES ET SAUMON 33
  - INGRÉDIENTS 33
  - Développement 33
  - ASTUCE 34
- Artichauts aux champignons et parmesan 35
  - INGRÉDIENTS 35
  - Développement 35
  - ASTUCE 36
- Aubergines marinées 37
  - INGRÉDIENTS 37
  - Développement 37
  - ASTUCE 38
- OEUFS BROUILLÉS AU JAMBON SERRANO 39
  - INGRÉDIENTS 39
  - Développement 39
  - ASTUCE 39
- TRINXAT 40
  - INGRÉDIENTS 40
  - Développement 40
  - ASTUCE 40
- ROULETTE DE BROCOLIS AU BACON ET SAUCE AURORA 41
  - INGRÉDIENTS 41
  - Développement 41
  - ASTUCE 41
- CARTES AVEC Crevettes et moules à la sauce verte 42

- INGRÉDIENTS 42
- Développement 42
- ASTUCE 43

Oignon caramélisé 44
- INGRÉDIENTS 44
- Développement 44
- ASTUCE 44

Champignons farcis au JAMBON SERRANO ET SAUCE PESTO ... 45
- INGRÉDIENTS 45
- Développement 45
- ASTUCE 45

CHOU-FLEUR À L'AIL 46
- INGRÉDIENTS 46
- Développement 46
- ASTUCE 46

Chou-fleur râpé 47
- INGRÉDIENTS 47
- Développement 47
- ASTUCE 47

DUXELLE 48
- INGRÉDIENTS 48
- Développement 48
- ASTUCE 48

ENDIVE AU SAUMON FUMÉ ET CABRAL 49
- INGRÉDIENTS 49
- Développement 49

ASTUCE	49
LOMBARD SÉGOVIEN	50
INGRÉDIENTS	50
Développement	50
ASTUCE	50
SALADE DE POIVRONS FRITS	52
INGRÉDIENTS	52
Développement	52
ASTUCE	53
PENNY FRANÇAIS	54
INGRÉDIENTS	54
Développement	54
ASTUCE	55
CRÈME D'ÉPINARDS	56
INGRÉDIENTS	56
Développement	56
ASTUCE	57
JEUNES HARICOTS AU SAUCISSE BLANCHE	58
INGRÉDIENTS	58
Développement	58
ASTUCE	58
HARICOTS VERTS AU JAMBON	59
INGRÉDIENTS	59
Développement	59
ASTUCE	60
ALIMENTATION POUR AGNEAUX	61

INGRÉDIENTS 61

Développement 61

ASTUCE 62

Millefeuille d'aubergines au chèvre, miel et curry 63

INGRÉDIENTS 63

Développement 63

ASTUCE 63

Cake aux asperges blanches et saumon fumé 65

INGRÉDIENTS 65

Développement 65

ASTUCE 65

PIMENTS PIQUILLO FARCIS DE MORCILLA AVEC SAUCE DOUCE ET MOUTARDE 66

INGRÉDIENTS 66

Développement 66

ASTUCE 66

PRINTEMPS À LA SAUCE AUX AMANDES 67

INGRÉDIENTS 67

Développement 67

ASTUCE 68

PISTON 69

INGRÉDIENTS 69

Développement 69

ASTUCE 70

LUCH AVEC VINAIGRETTE DE LÉGUMES 71

INGRÉDIENTS 71

- Développement 71
- ASTUCE 71

Quiche aux poireaux, lardons et fromage 73
- INGRÉDIENTS 73
- Développement 73
- ASTUCE 74

TOMATES DE PROVANCE 75
- INGRÉDIENTS 75
- Développement 75
- ASTUCE 75

OIGNON FARCI 76
- INGRÉDIENTS 76
- Développement 76
- ASTUCE 76

Crème de champignons aux noix 78
- INGRÉDIENTS 78
- Développement 78
- ASTUCE 78

GÂTEAU DE TOMATE AU BASILIC 79
- INGRÉDIENTS 79
- Développement 79
- ASTUCE 79

Ragoût de pommes de terre au poulet au curry 80
- INGRÉDIENTS 80
- Développement 80
- ASTUCE 81

- OEUFS MOUS 82
  - INGRÉDIENTS 82
  - Développement 82
  - ASTUCE 82
- POMMES DE TERRE À EXPIRER 83
  - INGRÉDIENTS 83
  - Développement 83
  - ASTUCE 84
- Oeufs nuageux aux cèpes 85
  - INGRÉDIENTS 85
  - Développement 85
  - ASTUCE 86
- POMME DE TERRE FAIBLE ET BLANCHE 87
  - INGRÉDIENTS 87
  - Développement 87
  - ASTUCE 88
- Omelette pour cuisiner (ROPA VIEJA) 89
  - INGRÉDIENTS 89
  - Développement 89
  - ASTUCE 90
- Pommes de terre farcies au saumon fumé, bacon et aubergines 90
  - INGRÉDIENTS 90
  - Développement 90
  - ASTUCE 91
- CROQUETTES DE POMMES DE TERRE ET FROMAGE 91

- INGRÉDIENTS 91
- Développement 91
- ASTUCE 92
- Bonnes frites 93
  - INGRÉDIENTS 93
  - Développement 93
  - ASTUCE 93
- OEUFS À LA FLORENTINE.. 94
  - INGRÉDIENTS 94
  - Développement 94
  - ASTUCE 94
- Goulasch de pommes de terre à la lotte et aux crevettes 95
  - INGRÉDIENTS 95
  - Développement 95
  - ASTUCE 96
- Œufs façon flamenco.. 97
  - INGRÉDIENTS 97
  - Développement 97
  - ASTUCE 97
- TORTILLA PAISANA 98
  - INGRÉDIENTS 98
  - Développement 98
  - ASTUCE 99
- OEUFS AU FOUR AVEC SAUCISSES ET MOUTARDE 100
  - INGRÉDIENTS 100
  - Développement 100

- ASTUCE 100
- Omelette de pommes de terre en sauce 101
  - INGRÉDIENTS 101
  - Développement 101
  - ASTUCE 102
- PURRUSALDA 103
  - INGRÉDIENTS 103
  - Développement 103
  - ASTUCE 103
- POMMES DE TERRE CUITES 105
  - INGRÉDIENTS 105
  - Développement 105
  - ASTUCE 105
- Oeufs brouillés aux champignons 106
  - INGRÉDIENTS 106
  - Développement 106
  - ASTUCE 106
- OEUFS SUR ASSIETTES AVEC ANCHIVES ET OLIVES 107
  - INGRÉDIENTS 107
  - Développement 107
  - ASTUCE 108
- PATATES DOUCES AU BACON ET PARMESAN 108
  - INGRÉDIENTS 108
  - Développement 108
  - ASTUCE 109
- OEUFS BOUILLIS 109

- INGRÉDIENTS 109
- Développement 109
- ASTUCE 109

pommes de terre ridées 110
- INGRÉDIENTS 110
- Développement 110
- ASTUCE 110

ŒUFS AU FRITS AUX CHAMPIGNONS, CREVETTES ET TRIGUEROS 111
- INGRÉDIENTS 111
- Développement 111
- ASTUCE 112

POMMES DE TERRE BROUILLÉES AU CHORIZO ET POIVRON VERT 113
- INGRÉDIENTS 113
- Développement 113
- ASTUCE 114

Pauvres pommes de terre 114
- INGRÉDIENTS 114
- Développement 114
- ASTUCE 115

OEUFS POCHÉS GRAND PRINCE 115
- INGRÉDIENTS 115
- Développement 115
- ASTUCE 116

POMMES DE TERRE AUX CÔTES 117

- INGRÉDIENTS 117
- Développement 117
- ASTUCE 118
- ŒUFS AU FRITS EN PANI 118
  - INGRÉDIENTS 118
  - Développement 118
  - ASTUCE 119
- POMMES DE TERRE AUX NOISETTES 119
  - INGRÉDIENTS 119
  - Développement 119
  - ASTUCE 119
- Œufs mollets 121
  - INGRÉDIENTS 121
  - Développement 121
  - ASTUCE 121
- POMMES DE TERRE À LA RIOJANA 122
  - INGRÉDIENTS 122
  - Développement 122
  - ASTUCE 123
- POMMES DE TERRE AUX CALMARS 123
  - INGRÉDIENTS 123
  - Développement 123
  - ASTUCE 124
- Omelette aux crevettes à l'ail 125
  - INGRÉDIENTS 125
  - Développement 125

- ASTUCE 125
- Compote de pommes de terre à la morue 126
  - INGRÉDIENTS 126
  - Développement 126
  - ASTUCE 127
- PURÉE DE POMME DE TERRE 128
  - INGRÉDIENTS 128
  - Développement 128
  - ASTUCE 128
- OMELETTE AUX HARICOTS ET MORCILLA 129
  - INGRÉDIENTS 129
  - Développement 129
  - ASTUCE 129
- Oeufs brouillés à l'ail et trigueros 131
  - INGRÉDIENTS 131
  - Développement 131
  - ASTUCE 131
- Compote de pommes de terre au NÍSCALE 132
  - INGRÉDIENTS 132
  - Développement 132
  - ASTUCE 133
- Omelette aux cèpes et crevettes 134
  - INGRÉDIENTS 134
  - Développement 134
  - ASTUCE 134
- Casserole d'oeufs 135

INGRÉDIENTS	135
Développement	135
ASTUCE	135
Omelette aux courgettes et aux tomates	136
INGRÉDIENTS	136
Développement	136
ASTUCE	136
POMMES DE TERRE REVOLCONAS AU TORREZNOS	137
INGRÉDIENTS	137
Développement	137
ASTUCE	138
Omelette aux champignons et parmesan	139
INGRÉDIENTS	139
Développement	139
ASTUCE	139
SUFLLE DE POMMES DE TERRE	140
INGRÉDIENTS	140
Développement	140
ASTUCE	140
OMELETTE	141
INGRÉDIENTS	141
Développement	141
ASTUCE	141
POMMES DE TERRE DUCHESSE	142
INGRÉDIENTS	142
Développement	142

- ASTUCE 142
- RIZ À LA CUBAINE 144
  - INGRÉDIENTS 144
  - Développement 144
  - ASTUCE 144
- Soupe de riz aux palourdes, palourdes et crevettes 145
  - INGRÉDIENTS 145
  - Développement 145
  - ASTUCE 146
- RIZ CANTONES AU POULET 147
  - INGRÉDIENTS 147
  - Développement 147
  - ASTUCE 148
- Riz croustillant 149
  - INGRÉDIENTS 149
  - Développement 149
  - ASTUCE 150
- RIZ CATALAN 151
  - INGRÉDIENTS 151
  - Développement 152
  - ASTUCE 152
- Soupe de riz aux haricots blancs et blettes 153
  - INGRÉDIENTS 153
  - Développement 153
  - ASTUCE 154
- RIZ AU THON FRAIS 155

- INGRÉDIENTS 155
- Développement 155
- ASTUCE 156
- RIZ AU POULET, BACON, AMANDES ET FAMILLES 157
  - INGRÉDIENTS 157
  - Développement 157
  - ASTUCE 158
- RIZ À LA MORUE ET HARICOTS BLANCS 159
  - INGRÉDIENTS 159
  - Développement 159
  - ASTUCE 160
- RIZ AVEC HARMATE 161
  - INGRÉDIENTS 161
  - Développement 161
  - ASTUCE 162
- RIZ GREC 163
  - INGRÉDIENTS 163
  - Développement 163
  - ASTUCE 164
- RIZ CUIT 165
  - INGRÉDIENTS 165
  - Développement 165
  - ASTUCE 166
- Bouillon de riz aux fruits de mer 167
  - INGRÉDIENTS 167
  - Développement 167

ASTUCE 168
RIZ TROIS DÉLICIODES 169
    INGRÉDIENTS 169
    Développement 169
        ASTUCE 170
RIZ AU LAIT AVEC SPÉCIALITÉ 171
    INGRÉDIENTS 171
    Développement 171
        ASTUCE 172
RISOTTO AUX ASPERGES SAUVAGES ET AU SAUMON 173
    INGRÉDIENTS 173
    Développement 173
        ASTUCE 174
Riz à la lotte, pois chiches et épinards 175
    INGRÉDIENTS 175
    Développement 175
        ASTUCE 176
RIZ OU CALDEIRO 177
    INGRÉDIENTS 177
    Développement 177
        ASTUCE 178
RIZ NOIR AUX CALMARS 179
    INGRÉDIENTS 179
    Développement 179
        ASTUCE 180
RIZ PILAF 181

INGRÉDIENTS	181
Développement	181
ASTUCE	181
POISSON ET FRUITS DE MER FIDEUÁ	**182**
INGRÉDIENTS	182
Développement	182
ASTUCE	183
PÂTES PUTANÉCA	**184**
INGRÉDIENTS	184
Développement	184
ASTUCE	185
LES ÉPINARDS ET LA REINE DES CANNELLONI	**186**
INGRÉDIENTS	186
Développement	186
ASTUCE	187
SPAGHETTI FRUITS DE MER	**188**
INGRÉDIENTS	188
Développement	188
ASTUCE	189
LASAGNE FLORENTIN AUX PÂTES FRAÎCHES	**190**
INGRÉDIENTS	190
Développement	191
ASTUCE	192
SPAGHETTI À LA SAUCE CARBONARA	**193**
INGRÉDIENTS	193
Développement	193

- ASTUCE 193
- CANNELLONI À LA VIANDE AUX CHAMPIGNONS 194
  - INGRÉDIENTS 194
  - Développement 195
  - ASTUCE 195
- GROUPE LASAGNO ET PLUS CALME 196
  - INGRÉDIENTS 196
  - Développement 197
  - ASTUCE 197
- PAELLA MIXTE 198
  - INGRÉDIENTS 198
  - Développement 198
  - ASTUCE 199
- LASAGAIN DE LÉGUMES AU FROMAGE FRAIS ET CARVI 200
  - INGRÉDIENTS 200
  - Développement 200
  - ASTUCE 201
- PÂTES AU YAOURT ET SAUCE AU THON 202
  - INGRÉDIENTS 202
  - Développement 202
  - ASTUCE 202
- Gnocchis de pommes de terre, sauce au fromage bleu et pistaches 203
  - INGRÉDIENTS 203
  - Développement 203
  - ASTUCE 204

PÂTES AU SAUMON CARBONARA.. 205
    INGRÉDIENTS 205
    Développement 205
    ASTUCE 205

Pâtes aux cèpes.. 206
    INGRÉDIENTS 206
    Développement 206
    ASTUCE 206

GRILLE À PIZZA 207
    INGRÉDIENTS 207
    Développement 208
    ASTUCE 209

RISOTTO AUX SAUCISSES BLANCHES AU VIN ROUGE ET ARUCOLA
.... 210
    INGRÉDIENTS 210
    Développement 210
    ASTUCE 211

PÂTES AUX CREVETTES, RUBANS DE LÉGUMES ET SOJA 212
    INGRÉDIENTS 212
    Développement 212
    ASTUCE 213

Pâtes à la rose, calamars et crevettes 214
    INGRÉDIENTS 214
    Développement 214
    ASTUCE 215

Pâtes au filet de bœuf au chou 216

    INGRÉDIENTS 216

    Développement 216

    ASTUCE 216

POT DE FLEUR DE MONTAGNE 217

    INGRÉDIENTS 217

    Développement 217

    ASTUCE 218

HARICOTS TOLOSA 219

    INGRÉDIENTS 219

    Développement 219

CORDOBA SALMOREJO

INGRÉDIENTS

1 kg de tomates

200g de pain

2 gousses d'ail

Vinaigre

100 ml d'huile d'olive

Sel

Développement

Mélangez bien le tout sauf l'huile et le vinaigre. Passer au chinois et ajouter progressivement en fouettant constamment l'huile. Assaisonner avec du sel et du vinaigre.

ASTUCE

Retirez la pousse d'ail centrale pour éviter toute récidive.

Soupe à l'oignon

INGRÉDIENTS

750 g d'oignon

100g de beurre

50 g de fromage râpé

1 ½ litre de bouillon de poulet

1 tranche de pain grillé par personne

Sel

Développement

Faites revenir lentement l'oignon émincé dans le beurre. Couvrir et cuire environ 1 heure.

Lorsque l'oignon est tendre, ajoutez le bouillon et assaisonnez de sel.

Versez la soupe dans des bols séparés avec du pain grillé et du fromage et enfournez.

ASTUCE

La réussite de cette recette réside dans le temps de cuisson des oignons. Vous pouvez ajouter 1 gousse d'ail entière, 1 branche de thym et un peu de vin blanc ou de cognac.

SOUPE ITALIENNE AUX LÉGUMES

INGRÉDIENTS

150 g de tomates

100 g de haricots blancs cuits

100 g de lardons

100g de chou

50 g de carottes

50 g de navet

50 g de haricots verts

25 g de petites pâtes

50 g de petits pois

3 gousses d'ail

1 gros poireau

1 dl d'huile d'olive

Sel

Développement

Nettoyez les légumes et coupez-les en petits morceaux. Versez l'huile d'olive et le bacon haché dans une marmite et faites frire pendant 3 minutes. Ajouter les tomates hachées et faire revenir jusqu'à ce qu'elles perdent de l'eau.

Versez le bouillon, portez à ébullition et ajoutez les légumes hachés. Quand il ramollit, ajoutez les haricots et les pâtes. Cuire jusqu'à ce que les pâtes soient prêtes et assaisonner de sel.

ASTUCE

Dans de nombreuses régions d'Italie, cette délicieuse soupe est servie au dîner avec une grande cuillerée de sauce pesto.

Bisque de homard

INGRÉDIENTS

1 homard ½ kg

250 g de tomates

200 g de poireau

150 g de beurre

100 g de carottes

100g d'oignon

75 g de riz

1 ½ litre de bouillon de poisson

¼ litre de crème

1 litre de cognac

1 litre de vin

1 branche de thym

2 feuilles de laurier

sel et poivre

Développement

Coupez le homard en morceaux et faites-le revenir jusqu'à ce qu'il soit rouge avec 50 g de beurre. Versez le cognac sur le flambé et humidifiez-le avec le vin. Couvrir et cuire 15 minutes.

Réservez la chair du homard. Broyez leurs carcasses avec du cognac, du vin de cuisson et de la fumée. Promenez-vous dans un restaurant chinois et faites une réservation.

Faites revenir les légumes coupés en petits morceaux (par ordre de dureté) dans le beurre restant. Enfin, ajoutez les tomates. Humidifiez avec le bouillon réservé, ajoutez les herbes et le riz. Cuire 45 minutes. Hacher et passer au tamis. Ajoutez la crème et laissez cuire encore 5 minutes.

Servir la crème avec le homard haché.

ASTUCE

Flambéer consiste à brûler une boisson alcoolisée de telle manière que l'alcool disparaisse mais pas le goût. Il est important de le faire avec la pompe éteinte.

RAGOÛT DE LÉGUMES

INGRÉDIENTS

150 g de jambon Serrano coupé en dés

150 g de haricots verts

150 g de chou-fleur

150 g de petits pois

150 g de fèves

2 cuillères à soupe de farine

3 artichauts

2 oeufs durs

2 carottes

1 oignon

1 gousse d'ail

1 citron

huile d'olive

Sel

Développement

Nettoyez les artichauts en enlevant les feuilles extérieures et les pointes. Cuire dans l'eau bouillante avec 1 cuillère à soupe de farine et le jus de citron jusqu'à ce qu'ils soient tendres. Rafraîchir et réserver.

Épluchez les carottes et coupez-les en morceaux de taille moyenne. Retirez les ficelles et le dessus des haricots et coupez-les en 3 morceaux. Retirez les fleurons du chou-fleur. Faire bouillir de l'eau et cuire chaque légume séparément jusqu'à ce qu'il soit tendre. Rafraîchir et réserver.

Faire réduire de moitié le bouillon de légumes (sauf les artichauts).

Hachez finement l'oignon et l'ail. Faire frire avec les dés de jambon Serrano pendant 10 minutes. Ajoutez la deuxième cuillère à soupe de farine et faites revenir encore 2 minutes. Ajoutez 150 ml de bouillon de légumes. Retirer et cuire 5 minutes. Ajouter les légumes et les œufs durs coupés en quartiers. Cuire 2 minutes et assaisonner de sel.

ASTUCE

Les légumes doivent être cuits séparément car ils n'ont pas le même temps de cuisson.

AMANDES MAISON

INGRÉDIENTS

1 ¼ kg de blettes

750 g de pommes de terre

3 gousses d'ail

2 dl d'huile d'olive

Sel

Développement

Lavez les blettes et coupez les feuilles en gros morceaux. Épluchez les tiges et coupez-les en bâtonnets. Faites cuire les feuilles et les tiges dans de l'eau bouillante salée pendant 5 minutes. Rafraîchir, égoutter et conserver.

Faire bouillir les pommes de terre pelées et les pommes de terre cachelada dans la même eau pendant 20 minutes. Filtrer et réserver.

Faire revenir l'ail épluché et coupé en filets dans l'huile d'olive. Ajoutez les tiges, les feuilles et les pommes de terre et faites revenir 2 minutes. Sel correct.

ASTUCE

Les feuilles peuvent être farcies dans du jambon et du fromage. Ils sont ensuite panés et frits.

GÂTEAU AUX COURGETTES ET SAUMON

INGRÉDIENTS

400 g de courgettes

200 g de saumon frais (désossé)

750 ml de crème

6 oeufs

1 oignon

huile d'olive

sel et poivre

Développement

Hachez finement l'oignon et faites-le revenir dans un peu d'huile. Coupez les courgettes en petits cubes et ajoutez-les à l'oignon. Laisser mijoter à feu moyen pendant 10 minutes.

Mélangez et ajoutez ½ l de crème et 4 œufs jusqu'à l'obtention d'une pâte lisse.

Disposer dans des moules séparés préalablement beurrés et farinés et enfourner à 170°C au bain-marie pendant environ 10 minutes.

Pendant ce temps, faites revenir légèrement les cubes de saumon dans un peu d'huile. Salez et poivrez, mélangez avec le reste de crème et 2 œufs. Versez sur le gâteau aux courgettes. Cuire au four encore 20 minutes ou jusqu'à ce que le tout soit bien pris.

ASTUCE

Servir chaud avec de la mayonnaise concassée et quelques brins de safran torréfiés.

Artichauts aux champignons et parmesan

INGRÉDIENTS

1 ½ kg d'artichauts

200g de champignons

50 g de parmesan

1 verre de vin blanc

3 grosses tomates

1 oignon nouveau

1 citron

huile d'olive

sel et poivre

Développement

Épluchez les artichauts en enlevant la tige, les feuilles extérieures les plus coriaces et le dessus. Coupez-les en quatre et frottez-les avec du citron pour éviter qu'ils ne brunissent. Réservations.

Faites revenir lentement la ciboulette et coupez-la en petits morceaux. Augmentez le feu et ajoutez les champignons nettoyés et tranchés. Cuire 3 minutes. Versez le vin et ajoutez les tomates râpées et les artichauts. Couvrir et cuire jusqu'à ce que les artichauts soient tendres et que la sauce épaississe, 10 minutes.

Servir, verser la sauce dessus et saupoudrer de parmesan.

ASTUCE

Une autre façon d'empêcher les artichauts de rouiller est de les faire tremper dans de l'eau froide avec beaucoup de persil frais.

Aubergines marinées

INGRÉDIENTS

2 grosses aubergines

3 cuillères à soupe de jus de citron

3 cuillères à soupe de persil frais haché

2 cuillères à soupe d'ail écrasé

1 cuillère à soupe de cumin moulu

1 cuillère à soupe de cannelle

1 cuillère à soupe de poudre de piment fort

huile d'olive

Sel

Développement

Coupez les aubergines dans le sens de la longueur. Saupoudrer de sel et réserver sur du papier absorbant pendant 30 minutes. Rincer abondamment à l'eau et conserver.

Ajoutez un peu d'huile et du sel sur les tranches d'aubergines et enfournez à 175°C pendant 25 minutes.

Mélangez le reste des ingrédients dans un bol. Ajouter les aubergines à la masse obtenue et mélanger. Couvrir et réfrigérer 2 heures.

ASTUCE

Pour faire perdre aux aubergines leur amertume, vous pouvez également les tremper dans du lait avec une pincée de sel pendant 20 minutes.

OEUFS BROUILLÉS AU JAMBON SERRANO

INGRÉDIENTS

1 bouteille de jeunes fèves à l'huile

2 gousses d'ail

4 tranches de jambon Serrano

1 oignon nouveau

2 oeufs

sel et poivre

Développement

Égoutter l'huile des haricots dans la poêle. Ici, nous faisons frire l'oignon coupé en petits cubes, l'ail coupé en tranches et le jambon coupé en fines lanières. Augmentez le feu, ajoutez les fèves et faites revenir 3 minutes.

Battez les œufs séparément et assaisonnez. Versez les œufs sur les fèves et laissez-les cailler légèrement sans s'arrêter.

ASTUCE

Ajoutez un peu de crème ou de lait aux œufs battus pour les rendre plus sucrés.

TRINXAT

INGRÉDIENTS

1 kg de chou

1 kg de pommes de terre

100 g de lardons

5 gousses d'ail

huile d'olive

Sel

Développement

Retirez les feuilles, lavez le chou et coupez-le en fines tranches. Épluchez et coupez les pommes de terre. Faites cuire le tout ensemble pendant 25 minutes. Retirer et écraser à chaud avec une fourchette jusqu'à obtenir une purée.

Faites revenir l'ail coupé en lanières et le bacon coupé en lanières dans une poêle. Ajouter à la pâte de pommes de terre précédente et faire revenir 3 minutes de chaque côté comme une omelette de pommes de terre.

ASTUCE

Après cuisson, le chou doit être bien égoutté, sinon le trinxat ne brunira pas bien.

ROULETTE DE BROCOLIS AU BACON ET SAUCE AURORA

INGRÉDIENTS

150 g de tranches de bacon

1 gros brocoli

Sauce Aurora (voir chapitre Bouillons et Sauces)

huile d'olive

sel et poivre

Développement

Faites bien revenir les lanières de bacon dans une poêle et réservez.

Coupez le brocoli en bottes et faites-le cuire dans beaucoup d'eau salée pendant 10 minutes ou jusqu'à ce qu'il soit tendre. Égoutter et déposer sur une plaque à pâtisserie.

Placer le bacon sur le brocoli, ajouter la sauce Aurora et cuire au four à température maximale jusqu'à ce qu'il soit doré.

ASTUCE

Pour minimiser l'odeur du brocoli, ajoutez un peu de vinaigre à l'eau de cuisson.

CARTES AVEC Crevettes et moules à la sauce verte

INGRÉDIENTS

500 g d'artichauts cuits

2 dl de vin blanc

2 dl de bouillon de poisson

2 cuillères à soupe de persil frais haché

1 cuillère à soupe de farine

20 moules

4 gousses d'ail

1 oignon

huile d'olive

Sel

Développement

Coupez l'oignon et l'ail en petits morceaux. Faire revenir lentement dans 2 cuillères à soupe d'huile pendant 15 minutes.

Ajouter la farine et cuire 2 minutes en remuant constamment. Augmentez le feu, versez le vin et laissez-le réduire complètement.

Mouiller avec le bouillon et laisser mijoter 10 minutes en remuant constamment. Ajouter le persil et assaisonner de sel.

Ajouter les moules et les artichauts préalablement nettoyés. Couvrir et cuire jusqu'à ce que les palourdes s'ouvrent, 1 minute.

ASTUCE

Ne faites pas cuire le persil trop longtemps, sinon il perdra sa couleur et deviendra brunâtre.

Oignon caramélisé

INGRÉDIENTS

2 gros oignons

2 cuillères à soupe de sucre

1 cuillère à café de vinaigre de Modène ou de Jerez

Développement

Couvrir et faire revenir lentement les oignons coupés en julienne jusqu'à ce qu'ils deviennent translucides.

Découvrir et faire frire jusqu'à ce qu'ils soient dorés. Ajouter le sucre et cuire encore 15 minutes. Versez le vinaigre et laissez cuire encore 5 minutes.

ASTUCE

Pour réaliser une omelette avec cette quantité d'oignon caramélisé, utilisez 800 g de pommes de terre et 6 œufs.

Champignons farcis au JAMBON SERRANO ET SAUCE PESTO

INGRÉDIENTS

500 g de champignons frais

150 g de jambon Serrano

1 oignon nouveau, finement haché

Sauce pesto (voir section bouillons et sauces)

Développement

Hachez finement l'oignon et le jambon. Faites frire lentement pendant 10 minutes. Laissez-les refroidir.

Nettoyer et retirer les pieds des champignons. Faire frire dans une poêle inversée pendant 5 minutes.

Farcir les champignons de jambon et de ciboulette, verser dessus la sauce pesto et enfourner à 200°C pendant environ 5 minutes.

ASTUCE

Il n'est pas nécessaire d'ajouter du sel car le jambon et la sauce pesto sont légèrement salés.

CHOU-FLEUR À L'AIL

INGRÉDIENTS

1 gros chou-fleur

1 cuillère à soupe de poivron

1 cuillère à soupe de vinaigre

2 gousses d'ail

8 cuillères à soupe d'huile d'olive

Sel

Développement

Coupez le chou-fleur en bottes et faites-le cuire dans beaucoup d'eau salée pendant 10 minutes ou jusqu'à ce qu'il soit cuit.

Filetez l'ail et faites-le revenir dans l'huile. Retirez la casserole du feu et ajoutez le paprika en poudre. Faites frire pendant 5 secondes et ajoutez le vinaigre. Assaisonner de sel et de sauce.

ASTUCE

Pour que le chou-fleur sente moins mauvais à la cuisson, ajoutez 1 tasse de lait à l'eau.

Chou-fleur râpé

INGRÉDIENTS

100 g de parmesan râpé

1 gros chou-fleur

2 jaunes

Sauce béchamel (voir rubrique bouillons et sauces)

Développement

Coupez le chou-fleur en bottes et faites-le cuire dans beaucoup d'eau salée pendant 10 minutes ou jusqu'à ce qu'il soit cuit.

Ajouter à la sauce béchamel (après avoir retiré du feu) en battant constamment les jaunes et le fromage.

Placer le chou-fleur sur une plaque à four et servir avec la sauce béchamel. Cuire au four à température maximale jusqu'à ce que la surface soit dorée.

ASTUCE

Après avoir ajouté du fromage râpé et des jaunes d'œufs à la sauce béchamel, une nouvelle sauce appelée Mornay est créée.

DUXELLE

INGRÉDIENTS

500g de champignons

100g de beurre

100 g de ciboulette (ou oignon)

sel et poivre

Développement

Nettoyez les champignons et coupez-les en morceaux les plus petits possibles.

Faites revenir la ciboulette dans le beurre, coupez-la en tout petits cubes et ajoutez les champignons. Faire frire jusqu'à ce que le liquide s'évapore complètement. Saison.

ASTUCE

Cela peut être une excellente entrée, une garniture ou même un premier plat. Duxelle de champignons aux œufs pochés, poitrine de poulet farcie à la duxelle, etc.

ENDIVE AU SAUMON FUMÉ ET CABRAL

INGRÉDIENTS

200 g de crème

150 g de saumon fumé

100 g de fromage Cabrales

50 g de noix pelées

6 coeurs d'endives

sel et poivre

Développement

Retirez les feuilles de chicorée, lavez-les soigneusement à l'eau froide et plongez-les dans l'eau glacée pendant 15 minutes.

Mélangez le fromage coupé en lamelles de saumon, les noix, la crème, le sel et le poivre dans un bol et remplissez les endives de cette sauce.

ASTUCE

Laver les endives à l'eau froide et les plonger dans de l'eau glacée permet d'éliminer leur amertume.

LOMBARD SÉGOVIEN

INGRÉDIENTS

40 g de pignons de pin

40 g de raisins secs

1 cuillère à soupe de paprika

3 gousses d'ail

1 chou rouge

1 pomme reinette

huile d'olive

Sel

Développement

Retirez la tige médiane et les feuilles extérieures du chou rouge et coupez-le en julienne. Épépinez la pomme sans retirer la peau et coupez-la en quartiers. Cuire le chou rouge, les raisins secs et la pomme pendant 90 minutes. Filtrer et réserver.

Hachez l'ail et faites-le revenir dans une poêle. Ajouter les pignons de pin et les toasts. Ajouter la poudre de paprika, le chou rouge aux raisins secs et la pomme. Faire frire pendant 5 minutes.

ASTUCE

Pour éviter que le chou rouge ne perde sa couleur, versez d'abord de l'eau bouillante dessus et ajoutez un peu de vinaigre.

SALADE DE POIVRONS FRITS

INGRÉDIENTS

3 tomates

2 aubergines

2 oignons

1 poivron rouge

1 gousse d'ail

Vinaigre (facultatif)

Huile d'olive vierge extra

Sel

Développement

Préchauffer le four à 170°C.

Lavez les aubergines, les poivrons et les tomates et épluchez l'oignon. Disposez tous les légumes sur une plaque à pâtisserie et saupoudrez généreusement d'huile. Cuire au four pendant 1 heure en retournant de temps en temps pour assurer une cuisson uniforme. Sortez-les immédiatement après la cuisson.

Laissez refroidir les poivrons, retirez la peau et les pépins. Coupez les poivrons, les oignons et les aubergines en cubes Juliana, également sans pépins. Retirez les gousses d'ail de la gousse d'ail rôtie en les pressant doucement.

Mélangez tous les légumes dans un bol, assaisonnez avec une pincée de sel et d'huile de friture. Vous pouvez également ajouter quelques gouttes de vinaigre.

ASTUCE

Il vaut la peine de faire quelques incisions dans la peau des aubergines et des tomates afin qu'elles n'éclatent pas lors de la friture, ce qui facilite leur épluchage.

PENNY FRANÇAIS

INGRÉDIENTS

850 g de petits pois purs

250 g d'oignon

90 g de jambon Serrano

90 g de beurre

1 litre de bouillon de viande

1 cuillère à soupe de farine

1 salade pure

Sel

Développement

Faire revenir l'oignon finement coupé et les dés de jambon dans le beurre. Ajouter la farine et faire revenir 3 minutes.

Versez le bouillon et laissez cuire encore 15 minutes en remuant de temps en temps. Ajoutez les petits pois et faites cuire à feu moyen pendant 10 minutes.

Ajoutez la délicate salade en julienne et laissez cuire encore 5 minutes. Ajouter une pincée de sel.

ASTUCE

Faites cuire les petits pois à découvert pour éviter qu'ils ne grisonnent. Ajouter une pincée de sucre pendant la cuisson améliore le goût des petits pois.

CRÈME D'ÉPINARDS

INGRÉDIENTS

¾ kg d'épinards frais

45 g de beurre

45 g de farine

½ litre de lait

3 gousses d'ail

noix de muscade

huile d'olive

sel et poivre

Développement

Préparez la sauce béchamel avec du beurre fondu et de la farine. Faites frire lentement pendant 5 minutes et ajoutez le lait en remuant constamment. Cuire 15 minutes et assaisonner de sel, poivre et muscade.

Faites cuire les épinards dans beaucoup d'eau salée. Égoutter, rincer et bien essorer pour sécher complètement.

Coupez l'ail en cubes et faites-le revenir dans l'huile pendant 1 minute. Ajouter les épinards et faire revenir à feu moyen pendant 5 minutes.

Mélangez les épinards avec la sauce béchamel et faites revenir encore 5 minutes en remuant constamment.

ASTUCE

Plus quelques triangles de pain de mie grillés.

JEUNES HARICOTS AU SAUCISSE BLANCHE

INGRÉDIENTS

1 bouteille de jeunes fèves à l'huile

2 gousses d'ail

1 saucisse blanche

1 oignon nouveau

huile d'olive

Sel

Développement

Égoutter l'huile des haricots dans la poêle. Faire revenir l'oignon et l'ail hachés dans l'huile d'olive, ajouter les dés de saucisse.

Cuire jusqu'à ce qu'il soit légèrement doré, 3 minutes. Augmentez le feu, ajoutez les fèves et faites revenir encore 3 minutes. Ajouter une pincée de sel.

ASTUCE

Il peut également être préparé avec des fèves délicates. Pour ce faire, faites-les bouillir dans de l'eau froide pendant 15 minutes jusqu'à ce qu'ils soient tendres. Refroidir avec de l'eau glacée et peler. Suivez ensuite la recette de la même manière.

HARICOTS VERTS AU JAMBON

INGRÉDIENTS

600 g de haricots verts

150 g de jambon Serrano

1 cuillère à café de paprika

5 tomates

3 gousses d'ail

1 oignon

huile d'olive

Sel

Développement

Retirez les bords et le dessus des haricots et coupez-les en gros morceaux. Cuire dans l'eau bouillante pendant 12 minutes. Filtrer, rafraîchir et conserver.

Coupez l'oignon et l'ail en petits morceaux. Cuire lentement pendant 10 minutes et ajouter le jambon Serrano. Faites frire encore 5 minutes. Ajoutez les poivrons et les tomates râpées et faites revenir jusqu'à ce qu'ils perdent toute leur eau.

Ajoutez les haricots verts à la sauce et laissez cuire encore 3 minutes. Ajouter une pincée de sel.

ASTUCE

Le chorizo peut être remplacé par du jambon Serrano.

ALIMENTATION POUR AGNEAUX

INGRÉDIENTS

450 g de viande d'agneau

200 g de haricots verts

150 g de fèves pelées

150 g de petits pois

2 litres de bouillon de viande

2 dl de vin rouge

4 coeurs d'artichauts

3 gousses d'ail

2 grosses tomates

2 grosses pommes de terre

1 poivron vert

1 poivron rouge

1 oignon

huile d'olive

sel et poivre

Développement

Coupez l'agneau, assaisonnez et faites revenir à feu vif. Décollez et réservez.

Faites revenir lentement l'ail finement coupé et l'oignon dans la même huile pendant 10 minutes. Ajouter les tomates râpées et cuire jusqu'à ce que l'eau s'évapore complètement. Ajoutez le vin et laissez réduire. Versez le bouillon, ajoutez l'agneau et laissez cuire 50 minutes jusqu'à ce que la viande soit tendre. Saison.

A part, dans une autre casserole, faites revenir les poivrons coupés en dés, les petits pois, les artichauts coupés en quartiers, les haricots coupés en 8 morceaux sans fils et les fèves. Versez le fond d'agneau et faites cuire doucement pendant 5 minutes. Ajouter les pommes de terre pelées et coupées en dés. Cuire jusqu'à ce qu'il soit tendre. Ajoutez l'agneau et un peu de bouillon.

ASTUCE

Faites cuire les petits pois à découvert pour que leur couleur ne devienne pas grise.

Millefeuille d'aubergines au chèvre, miel et curry

INGRÉDIENTS

200 g de fromage de chèvre

1 aubergine

Chéri

curry

Farine

huile d'olive

Sel

Développement

Coupez l'aubergine en fines tranches, disposez-la sur du papier absorbant et saupoudrez de sel des deux côtés. Laisser reposer 20 minutes. Retirez l'excès de sel et de farine, faites frire.

Coupez le fromage en fines tranches. Placez les couches d'aubergines et de fromage ensemble. Cuire au four à 160°C pendant 5 minutes.

Disposez sur des assiettes et ajoutez 1 cuillère à café de miel et une pincée de curry sur chaque tranche d'aubergine.

ASTUCE

Couper les aubergines et les saler enlève toute l'amertume.

Cake aux asperges blanches et saumon fumé

INGRÉDIENTS

400 g d'asperges en conserve

200 g de saumon fumé

½ litre de crème

4 œufs

Farine

huile d'olive

sel et poivre

Développement

Mélanger tous les ingrédients jusqu'à l'obtention d'une pâte délicate. Filtrer pour éviter les brins d'asperges.

Verser dans des moules individuels préalablement beurrés et farinés. Cuire au four 20 minutes à 170°C. Il peut être pris chaud ou froid.

ASTUCE

Le complément parfait est la mayonnaise à base de feuilles de basilic frais écrasées.

PIMENTS PIQUILLO FARCIS DE MORCILLA AVEC SAUCE DOUCE ET MOUTARDE

INGRÉDIENTS

125 ml de crème

8 cuillères à soupe de moutarde

2 cuillères à soupe de sucre

12 piments piquillos

2 boudins

pignon

Farine et oeufs (pour badigeonner)

huile d'olive

Développement

Émiettez le boudin noir et faites-le revenir dans une poêle bien chaude avec une poignée de pignons de pin. Refroidissez et farcissez les poivrons. Enrober de farine et d'œuf et faire revenir dans une grande quantité d'huile.

Faire bouillir la crème, la moutarde et le sucre jusqu'à épaississement. Servir les poivrons avec la sauce piquante.

ASTUCE

Les poivrons doivent être frits progressivement dans de l'huile très chaude.

PRINTEMPS À LA SAUCE AUX AMANDES

INGRÉDIENTS

900 g d'artichauts cuits

75 g d'amandes effilées

50g de farine

50g de beurre

1 litre de bouillon de poulet

1 dl de vin blanc

1dl de crème

1 cuillère à soupe de persil frais haché

2 gousses d'ail

2 jaunes

1 oignon

huile d'olive

sel et poivre

Développement

Faites revenir lentement les amandes et la farine dans le beurre pendant 3 minutes. Versez le bouillon de poulet en remuant constamment et laissez cuire encore 20 minutes. Ajoutez la crème et hors du feu, sans cesser de battre, ajoutez les jaunes. Saison.

A part, faites revenir l'oignon et l'ail coupés en petits cubes dans l'huile. Ajouter les artichauts, augmenter le feu et arroser de vin. Laissez-le réduire complètement.

Ajouter l'artichaut au bouillon et servir avec du persil.

ASTUCE

Après avoir ajouté les jaunes, ne faites pas trop chauffer la sauce, sinon elle caillerait et deviendrait grumeleuse.

PISTON

INGRÉDIENTS

4 tomates mûres

2 poivrons verts

2 courgettes

2 oignons

1 poivron rouge

2-3 gousses d'ail

1 cuillère à café de sucre

huile d'olive

Sel

Développement

Blanchir les tomates, retirer la peau et les couper en cubes. Épluchez l'oignon et la courgette et coupez-les également en cubes. Retirez les graines des poivrons et coupez la viande en cubes.

Faites revenir l'ail et l'oignon dans un peu d'huile pendant 2 minutes. Ajoutez les poivrons et poursuivez la friture pendant encore 5 minutes. Ajoutez les courgettes et laissez mijoter encore quelques minutes. Enfin, ajoutez les tomates et faites cuire jusqu'à ce qu'elles perdent toute leur eau. Mélanger le sucre et le sel et porter à ébullition.

ASTUCE

Vous pouvez utiliser des tomates en conserve ou une bonne sauce tomate.

LUCH AVEC VINAIGRETTE DE LÉGUMES

INGRÉDIENTS

8 poireaux

2 gousses d'ail

1 poivron vert

1 poivron rouge

1 oignon nouveau

1 concombre

12 cuillères à soupe d'huile

4 cuillères à soupe de vinaigre

sel et poivre

Développement

Hachez finement le poivron, l'oignon nouveau, l'ail et le concombre. Mélanger avec l'huile d'olive, le vinaigre, le sel et le poivre. Retirer.

Nettoyez le poireau et faites-le cuire dans l'eau bouillante pendant 15 minutes. Retirez, séchez et coupez chacun en 3 parties. Servir et garnir de vinaigrette.

ASTUCE

Préparez une vinaigrette de tomates, oignons verts, câpres et olives noires. Cuire le poireau avec la mozzarella et la sauce. Fier.

Quiche aux poireaux, lardons et fromage

INGRÉDIENTS

200 g de fromage Manchego

1 litre de crème

8 oeufs

6 gros poireaux propres

1 paquet de bacon fumé

1 paquet de pâte feuilletée surgelée

Farine

huile d'olive

sel et poivre

Développement

Beurrer et fariner le moule et le tapisser de pâte feuilletée. Disposez dessus du papier aluminium et les légumes pour éviter qu'ils ne gonflent et enfournez à 185°C pendant 15 minutes.

Pendant ce temps, faites revenir lentement le poireau finement haché et ajoutez les lardons finement hachés également.

Mélangez les œufs battus avec la crème, le poireau, les lardons et le fromage râpé. Salez et poivrez, versez ce mélange sur la pâte feuilletée et enfournez à 165°C pendant 45 minutes ou jusqu'à ce que la pâte soit ferme.

ASTUCE

Pour vérifier si la quiche a pris, percez le centre avec une aiguille. S'il ressort sec, cela signifie que le gâteau est déjà cuit.

TOMATES DE PROVANCE

INGRÉDIENTS

100 g de chapelure

4 tomates

2 gousses d'ail

Persil

huile d'olive

sel et poivre

Développement

Épluchez l'ail, coupez-le en petits morceaux et mélangez-le à la chapelure. Coupez les tomates en deux et retirez les graines.

Faites chauffer l'huile d'olive dans une poêle et ajoutez les tomates, côté coupé vers le bas. Si la croûte commence à gonfler sur les bords, retournez-la. Cuire encore 3 minutes et disposer dans un plat allant au four.

Dans la même poêle, faire revenir le mélange de pain et d'ail. Après la cuisson, parsemer de tomates. Préchauffer le four à 180°C et enfourner 10 minutes. Attention à ne pas le laisser sécher.

ASTUCE

Il est généralement consommé en accompagnement, mais aussi en plat principal avec de la mozzarella légèrement cuite.

OIGNON FARCI

INGRÉDIENTS

125 g de viande hachée

125 g de lardons

2 cuillères à soupe de sauce tomate

2 cuillères à soupe de chapelure

4 gros oignons

1 oeuf

huile d'olive

sel et poivre

Développement

Faites frire les dés de lard et la viande hachée avec du sel et du poivre jusqu'à ce qu'ils perdent leur couleur rose. Ajoutez la tomate et laissez cuire encore 1 minute.

Mélangez la viande avec l'œuf et la chapelure.

Retirez la première couche d'oignon ainsi que son fond. Versez de l'eau et laissez cuire 15 minutes. Séchez, retirez le noyau et remplissez de viande. Cuire au four à 175°C pendant 15 minutes.

ASTUCE

La sauce Mornay peut être préparée en remplaçant l'eau de cuisson de l'oignon par la moitié du lait. Versez la sauce dessus et enfournez.

Crème de champignons aux noix

INGRÉDIENTS

1 kg de mélange de champignons

250 ml de crème

125 ml de cognac

2 gousses d'ail

Noix italiennes

huile d'olive

sel et poivre

Développement

Faites revenir l'ail émincé dans un plat allant au four. Augmentez le feu et ajoutez les champignons nettoyés et tranchés. Faire frire pendant 3 minutes.

Mouiller avec du cognac et laisser réduire. Ajoutez la crème et laissez cuire doucement encore 5 minutes. Concasser une poignée de noix dans un mortier et saupoudrer dessus.

ASTUCE

Les champignons cultivés ou même séchés sont une bonne option.

GÂTEAU DE TOMATE AU BASILIC

INGRÉDIENTS

½ litre de crème

8 cuillères à soupe de sauce tomate (voir la rubrique : bouillons et sauces)

4 œufs

8 feuilles de basilic frais

Farine

huile d'olive

sel et poivre

Développement

Mélanger tous les ingrédients jusqu'à l'obtention d'une pâte homogène.

Préchauffer le four à 170°C. Disposez dans des moules individuels préalablement farinés et graissés et enfournez pour 20 minutes.

ASTUCE

Une bonne idée est d'utiliser les restes de sauce tomate d'une autre recette.

Ragoût de pommes de terre au poulet au curry

INGRÉDIENTS

1 kg de pommes de terre

½ litre de bouillon de poulet

2 poitrines de poulet

1 cuillère à soupe de curry

2 gousses d'ail

2 tomates

1 oignon

1 feuille de laurier

huile d'olive

sel et poivre

Développement

Coupez les poitrines en cubes de taille moyenne. Salez, poivrez et faites revenir dans l'huile chaude. Supprimer et réserver.

Dans la même huile, à feu doux, faites revenir l'oignon et l'ail finement coupés pendant 10 minutes. Ajoutez le curry et faites revenir encore une minute. Ajoutez les tomates râpées, augmentez le feu et laissez cuire jusqu'à ce que la tomate perde toute son eau.

Épluchez et conservez les pommes de terre. Ajoutez-les à la sauce et laissez cuire 3 minutes. Se baigner avec du bouillon et du laurier. Cuire à feu doux jusqu'à ce que les pommes de terre soient tendres, assaisonner de sel et de poivre.

ASTUCE

Sortez un peu de bouillon et quelques pommes de terre et écrasez-les avec une fourchette jusqu'à obtenir une purée. Ajoutez à nouveau au ragoût et faites cuire en remuant constamment pendant 1 minute. Cela épaissit le bouillon sans avoir à ajouter de farine.

OEUFS MOUS

INGRÉDIENTS

8 oeufs

Pain toasté

sel et poivre

Développement

Placez les œufs dans une casserole remplie d'eau froide et de sel. Cuire jusqu'à ce que l'eau bout légèrement. Laisser sur le feu 3 minutes.

Retirez l'œuf et laissez-le refroidir dans l'eau glacée. Cassez doucement la coque supérieure comme un chapeau. Assaisonner de sel et de poivre et servir avec des croûtons.

ASTUCE

Dans la première minute, il est important que l'œuf bouge pour que le jaune soit à l'intérieur.

POMMES DE TERRE À EXPIRER

INGRÉDIENTS

1 kg de pommes de terre

¾ l de bouillon de poisson

1 petit verre de vin blanc

1 cuillère à soupe de farine

2 gousses d'ail

1 oignon

Farine et oeuf (pour badigeonner)

Persil

huile d'olive

Développement

Épluchez les pommes de terre et coupez-les en tranches pas trop épaisses. Mélanger la farine et l'œuf. Frire et conserver.

Faites également revenir l'oignon et l'ail coupés en petits cubes. Ajoutez une cuillère de farine, faites frire et versez le vin. Laisser mijoter jusqu'à ce qu'il soit presque sec et humidifié avec du bouillon. Cuire à feu doux pendant 15 minutes. Assaisonner de sel et ajouter le persil.

Ajouter les pommes de terre à la sauce et cuire jusqu'à ce qu'elles soient tendres.

ASTUCE

Vous pouvez ajouter quelques morceaux de lotte ou de merlu et des crevettes.

Oeufs nuageux aux cèpes

INGRÉDIENTS

8 oeufs

150 g de cèpes séchés

50g de beurre

50g de farine

1 dl de vin doux

2 gousses d'ail

noix de muscade

Vinaigre

huile

sel et poivre

Développement

Irriguez les cèpes dans 1 litre d'eau chaude pendant environ 1 heure. Pendant ce temps, faites cuire les œufs dans l'eau bouillante avec du sel et du vinaigre pendant 5 minutes. Retirer et rafraîchir immédiatement dans de l'eau glacée. Peler soigneusement.

Égouttez les cèpes et récupérez l'eau. Hachez l'ail et faites-le revenir légèrement dans l'huile. Ajoutez les cèpes et faites revenir à feu vif pendant 2 minutes. Assaisonner de sel et de poivre et verser le vin doux jusqu'à ce qu'il réduise et que la sauce reste sèche.

Faire fondre le beurre et la farine dans une casserole. Faire revenir à feu doux pendant 5 minutes en remuant constamment. Versez l'eau d'irrigation des cèpes. Cuire à feu doux pendant 15 minutes en remuant constamment. Ajouter les épices et la muscade.

Disposez les cèpes au fond, mettez les œufs dessus et versez la sauce dessus.

ASTUCE

L'œuf mollet doit être laissé avec le blanc coagulé et le jaune liquide.

POMME DE TERRE FAIBLE ET BLANCHE

INGRÉDIENTS

1 kg de pommes de terre

600 g de merlan désossé et sans peau

4 cuillères à soupe de sauce tomate

1 gros oignon

2 gousses d'ail

1 feuille de laurier

Brandy

huile d'olive

sel et poivre

Développement

Épluchez les pommes de terre, coupez-les en quartiers et faites-les bouillir dans de l'eau salée pendant 30 minutes. Filtrer et passer au moulin. Étalez la purée sur du papier d'aluminium transparent et conservez-la.

Hachez finement l'oignon et l'ail. Faites revenir à feu moyen pendant 5 minutes et ajoutez le laurier et le merlan haché et assaisonné. Faire revenir encore 5 minutes en remuant constamment, humidifier avec un peu de cognac et laisser réduire. Ajouter la sauce tomate et cuire encore une minute. Laisser refroidir.

Étalez le merlan sur le fond des pommes de terre, enveloppez-les dans un rouleau de gelée et conservez-les au réfrigérateur jusqu'au moment de servir.

ASTUCE

Il peut être préparé avec n'importe quel poisson frais ou surgelé. Servir avec une sauce rose ou de l'aïoli.

Omelette pour cuisiner (ROPA VIEJA)

INGRÉDIENTS

125 g de boudin noir

100 g de poulet ou poulet

60 g de chou

60 g de lardons

1 cuillère à café de paprika

3 gousses d'ail

1 boudin noir

1 saucisse

1 oignon

2 cuillères à soupe d'huile d'olive

Sel

Développement

Coupez l'oignon et l'ail en petits morceaux. Faire frire à feu doux pendant 10 minutes. Hachez finement la viande de goulasch et le chou et ajoutez-les à l'oignon. Faire frire à feu moyen jusqu'à ce que la viande soit dorée et dorée.

Battez les œufs et ajoutez-les à la viande. Sel correct.

Faites bien chauffer la poêle, ajoutez de l'huile et attendez que la tortilla durcisse des deux côtés.

ASTUCE

Plus une bonne sauce tomate au cumin.

Pommes de terre farcies au saumon fumé, bacon et aubergines

INGRÉDIENTS

4 pommes de terre moyennes

250 g de lardons

150 g de parmesan

200 g de saumon fumé

½ litre de crème

1 aubergine

huile d'olive

sel et poivre

Développement

Lavez bien les pommes de terre et faites-les cuire, pelées, à feu moyen pendant 25 minutes ou jusqu'à ce qu'elles soient tendres. Égoutter, couper en deux et égoutter en laissant une fine couche. Réservez les pommes de terre entières et égouttez-les.

Faites revenir le bacon coupé en fines lanières dans une poêle bien chaude. Décollez et réservez. Faites revenir les aubergines coupées en petits cubes dans la même huile pendant 15 minutes jusqu'à ce qu'elles soient tendres.

Placer les pommes de terre, les aubergines cuites, les lardons, les tranches de saumon, le parmesan et la crème dans un plat allant au four. Cuire à feu moyen pendant 5 minutes et assaisonner.

Remplissez les pommes de terre avec le mélange précédent et enfournez à 180°C jusqu'à ce qu'elles soient dorées.

ASTUCE

Vous pouvez également préparer des aubergines avec la même garniture.

CROQUETTES DE POMMES DE TERRE ET FROMAGE

INGRÉDIENTS

500 g de pommes de terre

150 g de parmesan râpé

50g de beurre

Farine, œuf et chapelure (pour badigeonner)

2 jaunes

noix de muscade

sel et poivre

Développement

Épluchez les pommes de terre, coupez-les en quartiers et faites-les cuire à feu moyen avec de l'eau et du sel pendant 30 minutes. Filtrer et passer au moulin. Ajouter le beurre chaud, les jaunes d'œufs, le sel, le poivre, la muscade et le parmesan. Laisser refroidir.

Formez des boules comme des croquettes et enrobez-les de farine, d'œuf battu et de chapelure. Faire frire dans une grande quantité d'huile jusqu'à ce qu'ils soient dorés.

ASTUCE

Avant la panure, mettez 1 cuillère à café de sauce tomate et un morceau de saucisson frais déjà cuit au centre de la croquette. Ils sont délicieux.

Bonnes frites

INGRÉDIENTS

1 kg de pommes de terre tardives ou mi-tardives (variété aigre ou Monalisa)

1 litre d'huile d'olive

Sel

Développement

Épluchez les pommes de terre et coupez-les en bâtonnets égaux. Lavez-les abondamment à l'eau froide jusqu'à ce qu'ils soient complètement transparents. Sèche bien.

Faites chauffer l'huile dans une poêle à feu moyen, environ 150°C. Lorsqu'elle commence à bouillir légèrement mais uniformément, ajoutez les pommes de terre et faites cuire jusqu'à ce qu'elles soient très tendres. Faites attention à ne pas les casser.

Augmentez le feu à vif dans l'huile très chaude et ajoutez les pommes de terre en quantités variables, en remuant avec une écumoire. Faire frire dans la graisse jusqu'à ce qu'ils soient dorés et croustillants. Retirez et égouttez l'excès d'huile et de sel.

ASTUCE

Les deux températures d'huile sont importantes. Cela signifie qu'ils sont très moelleux à l'intérieur et croustillants à l'extérieur. Enfin, ajoutez du sel.

OEUFS À LA FLORENTINE

INGRÉDIENTS

8 oeufs

800 g d'épinards

150 g de jambon cru

1 gousse d'ail

Sauce béchamel (voir rubrique bouillons et sauces)

Sel

Développement

Cuire les épinards dans de l'eau bouillante salée pendant 5 minutes. Rafraîchissez et pressez pour perdre toute l'eau. Hachez finement et réservez.

Hachez l'ail et faites-le revenir à feu moyen pendant 1 minute. Ajoutez les dés de jambon et faites revenir encore une minute. Augmentez le feu, ajoutez les épinards et laissez cuire encore 5 minutes. Répartissez ensuite les épinards dans 4 pots en terre cuite.

Versez deux œufs battus sur les épinards. Assaisonner de sauce béchamel et enfourner à 170°C pendant 8 minutes.

ASTUCE

Les conserves d'épinards sont appelées florentines.

Goulasch de pommes de terre à la lotte et aux crevettes

INGRÉDIENTS

4 pommes de terre

300 g de lotte pure désossée

250 g de crevettes décortiquées

½ l de bouillon de poisson

1 verre de vin blanc

1 cuillère à soupe de pâte de piment choricero

1 cuillère à café de paprika

8 brins de safran

3 tranches de pain grillé

2 gousses d'ail

1 oignon

huile d'olive

sel et poivre

Développement

Faites revenir l'oignon et l'ail finement hachés à feu doux pendant 10 minutes. Ajouter les tranches de pain et faire revenir. Ajouter le safran, les poivrons et le chorizo. Faire frire pendant 2 minutes.

Épluchez les pommes de terre et ajoutez-les à la sauce. Faire frire pendant 3 minutes. Versez le vin et attendez qu'il bout complètement.

Ajouter le bouillon et cuire à feu doux jusqu'à ce que les pommes de terre soient presque cuites. Ajoutez la lotte coupée et les crevettes décortiquées. Assaisonner et cuire encore 2 minutes. Réserver sans feu pendant 5 minutes.

ASTUCE

Conserver les pommes de terre signifie les diviser en morceaux égaux sans avoir à les couper complètement. Cela rendra le bouillon plus épais.

Œufs façon flamenco

INGRÉDIENTS

8 oeufs

200 g de sauce tomate

1 petite boîte de piments piquillos

4 cuillères à soupe de petits pois cuits

4 tranches de jambon Serrano

4 tranches épaisses de chorizo

4 asperges en conserve

Développement

Versez la sauce tomate dans 4 pots en terre cuite. Ajoutez chacun 2 œufs battus et disposez les petits pois hachés, le chorizo et le jambon, ainsi que les poivrons hachés et les asperges en divers petits tas.

Cuire au four à 190°C jusqu'à ce que les œufs soient légèrement durs.

ASTUCE

Il peut être préparé avec du saucisson ou même du saucisson frais.

TORTILLA PAISANA

INGRÉDIENTS

6 oeufs

3 grosses pommes de terre

25 g de petits pois cuits

25 g de chorizo

25 g de jambon Serrano

1 poivron vert

1 poivron rouge

1 oignon

huile d'olive

sel et poivre

Développement

Coupez l'oignon et le poivron en petits morceaux. Coupez les pommes de terre pelées en tranches très fines. Faire revenir les pommes de terre avec l'oignon et les poivrons à feu moyen.

Faites revenir le chorizo et le jambon finement coupé. Égoutter les pommes de terre, l'oignon et les poivrons. Mélanger avec le chorizo et le jambon. Ajoutez les petits pois.

Battez les œufs, assaisonnez de sel et de poivre, mélangez avec les pommes de terre et les autres ingrédients. Faites bien chauffer une poêle moyenne, ajoutez le mélange précédent et attendez qu'il épaississe des deux côtés.

ASTUCE

Nécessite un court-circuit car il se retrouve avec de la chaleur résiduelle. Cela le rendra plus juteux.

OEUFS AU FOUR AVEC SAUCISSES ET MOUTARDE

INGRÉDIENTS

8 oeufs

2 saucisses allemandes fumées

5 cuillères à soupe de moutarde

4 cuillères à soupe de crème

2 concombres

sel et poivre

Développement

Mélangez les cornichons finement hachés avec la moutarde et la crème.

Coupez les saucisses en fines tranches au fond de 4 pots en terre cuite. Versez la sauce moutarde et ajoutez 2 œufs battus. Saison.

Cuire au four à 180°C jusqu'à ce que les blancs d'œufs soient fermes.

ASTUCE

Ajoutez 2 cuillères à soupe de parmesan râpé et quelques brins de thym frais au mélange moutarde-crème.

Omelette de pommes de terre en sauce

INGRÉDIENTS

7 gros œufs

800 g de pommes de terre à frire

1 dl de vin blanc

¼ litre de bouillon de poulet

1 cuillère à soupe de persil frais

1 cuillère à café de paprika

1 cuillère à café de farine

3 gousses d'ail

huile d'olive indigène

Sel

Développement

Hachez finement l'ail et faites-le revenir à feu moyen pendant 3 minutes, sans trop le colorer. Ajouter la farine et faire revenir 2 minutes. Ajoutez les poivrons et faites revenir 5 secondes. Ajoutez le vin et attendez qu'il réduise complètement. Ajouter le bouillon et laisser mijoter 10 minutes en remuant de temps en temps. Assaisonner de sel et saupoudrer de persil.

Peler des pommes de terre. Coupez-les en quatre dans le sens de la longueur puis en fines tranches. Faites-les frire jusqu'à ce qu'ils soient tendres et légèrement dorés.

Battez les œufs et assaisonnez de sel. Bien égoutter les pommes de terre et les ajouter aux œufs battus. Sel correct.

Faites chauffer la poêle, versez 3 cuillères à soupe d'huile de pommes de terre sautées et ajoutez le mélange œuf-pomme de terre. Remuer à feu vif pendant 15 secondes. Retournez-vous avec l'assiette. Faites chauffer la poêle et ajoutez encore 2 cuillères à soupe d'huile de friture des pommes de terre. Ajoutez la tortilla et faites frire à feu vif pendant 15 secondes. Assaisonner de sel et cuire à feu doux pendant 5 minutes.

ASTUCE

Pour ce type de recette, vous pouvez utiliser le bouillon laissé par le goulasch ou le riz.

PURRUSALDA

INGRÉDIENTS

1 kg de pommes de terre

200 g de morue dessalée

100 ml de vin blanc

3 poireaux de taille moyenne

1 gros oignon

Développement

Cuire le cabillaud dans 1 litre d'eau froide pendant 5 minutes. Sortez la morue, émiettez-la et retirez les arêtes. Réservez de l'eau pour la cuisson.

Coupez l'oignon en cubes et faites-le revenir dans un plat allant au four à feu doux pendant environ 20 minutes. Coupez le poireau en tranches épaisses et ajoutez-le à l'oignon. Cuire encore 10 minutes.

Coupez les pommes de terre en cubes (ne les coupez pas) et ajoutez-les au ragoût une fois les poireaux cuits. Faites revenir légèrement les pommes de terre, augmentez le feu et arrosez-les de vin blanc. Laissez-le diminuer.

Versez l'eau du bain de morue dans le goulasch, assaisonnez de sel (il doit être légèrement doux) et faites cuire jusqu'à ce que les pommes de terre soient tendres. Ajoutez la morue et laissez cuire encore une minute. Assaisonner de sel et réserver à couvert pendant 5 minutes.

ASTUCE

Transformez ce ragoût en crème. Il vous suffit de le hacher et de le tamiser. fier.

POMMES DE TERRE CUITES

INGRÉDIENTS

500 g de pommes de terre

1 verre de vin blanc

1 petit oignon

1 poivron vert

huile d'olive

Sel

Développement

Épluchez les pommes de terre et coupez-les en fines tranches. Coupez l'oignon et le poivron en julienne. Placer sur une plaque à pâtisserie. Assaisonner de sel et bien enrober d'huile. Mélanger jusqu'à ce que le tout soit bien imbibé et couvrir de papier d'aluminium.

Cuire au four à 160°C pendant 1 heure. Sortez-le, retirez le papier et versez un verre de vin dessus.

Cuire à découvert à 200°C pendant encore 15 minutes.

ASTUCE

Le vin peut être remplacé par ½ tasse d'eau, ½ tasse de vinaigre et 2 cuillères à soupe de sucre.

Oeufs brouillés aux champignons

INGRÉDIENTS

8 oeufs

500 g de champignons nettoyés et coupés en tranches

100 g de jambon Serrano coupé en dés

8 tranches de pain grillé

2 gousses d'ail

huile d'olive

Développement

Coupez l'ail en tranches et faites-le revenir légèrement avec les dés de jambon, sans le laisser colorer. Augmentez le feu, ajoutez les champignons nettoyés et tranchés et faites revenir 2 minutes.

Ajoutez les œufs battus en remuant constamment jusqu'à ce que le mélange épaississe légèrement et soit mousseux.

ASTUCE

L'ajout de sel n'est pas nécessaire car le jambon Serrano en fournit.

OEUFS SUR ASSIETTES AVEC ANCHIVES ET OLIVES

INGRÉDIENTS

8 oeufs

500 g de tomates

40 g d'olives noires sans pépins

12 anchois

10 câpres

3 gousses d'ail

1 oignon nouveau

Origan

Sucre

huile d'olive

Sel

Développement

Hachez finement l'ail et l'oignon nouveau. Faire frire à feu doux pendant 10 minutes.

Épluchez les tomates, épépinez-les et coupez-les en petits cubes. Ajouter à la sauce ail-oignon. Augmentez le feu et laissez cuire jusqu'à ce que la tomate perde toute son eau. Corriger le sel et le sucre.

Répartissez les tomates dans des pots en terre cuite. Ajoutez 2 œufs battus et saupoudrez du reste des ingrédients hachés. Cuire au four à 180°C jusqu'à ce que les blancs d'œufs soient fermes.

ASTUCE

L'ajout de sucre aux recettes à base de tomates vise à équilibrer l'acidité.

PATATES DOUCES AU BACON ET PARMESAN

INGRÉDIENTS

1 kg de pommes de terre

250 g de lardons

150 g de parmesan

300 ml de crème

3 oignons

noix de muscade

huile d'olive

sel et poivre

Développement

Dans un bol, mélanger la crème, le fromage, le sel, le poivre et la muscade.

Épluchez les pommes de terre et l'oignon et coupez-les en fines tranches. Faire frire dans une poêle jusqu'à ce qu'ils soient tendres. Filtrer et assaisonner.

A part, faites revenir le bacon coupé en lanières et ajoutez-le à la poêle avec les pommes de terre.

Disposez les pommes de terre dans un plat, recouvrez de la masse crémeuse et enfournez à 175°C jusqu'à ce que le dessus soit doré.

ASTUCE

Cette recette peut également être préparée sans cuisson des pommes de terre. Il suffit de les cuire au four à 150°C pendant 1 heure.

OEUFS BOUILLIS

INGRÉDIENTS

8 oeufs

Sel

Développement

En commençant par de l'eau bouillante, faites cuire les œufs pendant 11 minutes.

Refroidir avec de l'eau glacée et peler.

ASTUCE

Pour faciliter le pelage, ajoutez beaucoup de sel à l'eau de cuisson et pelez immédiatement après refroidissement.

pommes de terre ridées

INGRÉDIENTS

1 kg de petites pommes de terre

500 g de gros sel

Développement

Faire bouillir les pommes de terre dans de l'eau salée jusqu'à ce qu'elles soient tendres. Ils doivent être entièrement recouverts d'un doigt d'eau supplémentaire. Égouttez les pommes de terre.

Dans la même casserole (sans les laver), mettez les pommes de terre et laissez-les sécher à feu doux en remuant délicatement. Une petite couche de sel se forme sur chaque pomme de terre et des rides se forment sur la peau.

ASTUCE

Ils accompagnent parfaitement les poissons salés. Essayez le pesto.

ŒUFS AU FRITS AUX CHAMPIGNONS, CREVETTES ET TRIGUEROS

INGRÉDIENTS

8 oeufs

300 g de champignons frais

100 g de crevettes

250 ml de bouillon de viande

2 cuillères à soupe de Pedro Ximénez

1 cuillère à café de farine

1 botte d'asperges sauvages

huile d'olive

1 litre de vinaigre

sel et poivre

Développement

Versez les œufs pochés avec beaucoup d'eau bouillante, du sel et un peu de vinaigre. Éteignez le feu, couvrez la cocotte et attendez 3-4 minutes. Le blanc d'œuf doit être cuit et le jaune doit être coulant. Retirer, filtrer et assaisonner.

Nettoyez les asperges et coupez-les en deux dans le sens de la longueur. Faire revenir dans une poêle à feu vif, saler et réserver. Faites revenir les crevettes décortiquées et assaisonnées dans la même huile à feu très vif pendant 30 secondes. Retirer.

Faites revenir les champignons tranchés dans la même poêle à feu vif pendant 1 minute, ajoutez la farine et faites revenir encore une minute.

Humidifiez avec Pedro Ximénez jusqu'à ce qu'il réduise et sèche. Verser le bouillon, saler et porter à ébullition.

Disposer les asperges, les crevettes et les champignons dans des assiettes et déposer les œufs dessus. Assaisonner avec la sauce Pedro Ximénez.

ASTUCE

Faire bouillir le bouillon avec 1 branche de romarin jusqu'à ce qu'il atteigne la moitié de son volume.

POMMES DE TERRE BROUILLÉES AU CHORIZO ET POIVRON VERT

INGRÉDIENTS

6 oeufs

120 g de chorizo haché

4 pommes de terre

2 poivrons verts italiens

2 gousses d'ail

1 oignon nouveau

huile d'olive

sel et poivre

Développement

Épluchez, lavez et coupez les pommes de terre en cubes de taille moyenne. Bien laver jusqu'à ce que l'eau soit claire. Julienne, oignon nouveau et poivron.

Faites revenir les pommes de terre dans une grande quantité d'huile chaude, ajoutez les poivrons et les oignons nouveaux à mi-cuisson, jusqu'à ce que les légumes soient dorés et tendres.

Égoutter les pommes de terre, les oignons nouveaux et les poivrons. Laissez un peu d'huile dans la poêle pour faire dorer le chorizo haché. Ajoutez à nouveau les pommes de terre avec la ciboulette et les poivrons. Ajoutez les œufs battus et mélangez jusqu'à ce que le mélange soit légèrement ferme. Corrigez le sel et le poivre.

ASTUCE

Vous pouvez remplacer le chorizo par du boudin noir, de la chistorra ou encore de la butifarra.

Pauvres pommes de terre

INGRÉDIENTS

1 kg de pommes de terre

3 gousses d'ail

1 petit poivron vert

1 petit poivron rouge

1 petit oignon

Persil frais

huile d'olive

4 cuillères à soupe de vinaigre

Sel

Développement

Écrasez l'ail avec le persil, le vinaigre et 4 cuillères à soupe d'eau.

Épluchez et coupez les pommes de terre comme vous le feriez pour une omelette. Faire revenir dans une grande quantité d'huile chaude, ajouter l'oignon et le poivron coupés en fines juliennes et coupés en deux. Continuez à frire jusqu'à ce qu'ils soient légèrement dorés.

Retirez les pommes de terre, l'oignon et les poivrons et égouttez-les. Ajouter l'ail écrasé et le vinaigre. Mélanger et assaisonner de sel.

ASTUCE

C'est un complément parfait à toutes les viandes, notamment les viandes grasses comme l'agneau et le porc.

OEUFS POCHÉS GRAND PRINCE

INGRÉDIENTS

8 oeufs

125 g de parmesan

30g de beurre

30 g de farine

½ litre de lait

4 tranches de pain grillé

noix de muscade

Vinaigre

sel et poivre

Développement

Préparez la sauce béchamel en faisant revenir la farine dans le beurre à feu doux pendant 5 minutes, en ajoutant le lait en remuant constamment et laissez cuire encore 5 minutes. Mélangez le sel, le poivre et la muscade.

Versez les œufs pochés avec beaucoup d'eau bouillante, du sel et un peu de vinaigre. Éteignez le feu, couvrez la cocotte et attendez 3-4 minutes. Retirer et égoutter.

Placez l'œuf poché sur du pain grillé et versez dessus la sauce béchamel. Saupoudrer de parmesan râpé et griller au four.

ASTUCE

Lorsque l'eau bout, remuez-la avec un fouet et ajoutez immédiatement l'œuf. Cela crée une forme arrondie et parfaite.

POMMES DE TERRE AUX CÔTES

INGRÉDIENTS

3 grosses pommes de terre

1 kg de côtes de porc marinées

4 cuillères à soupe de sauce tomate

2 gousses d'ail

1 feuille de laurier

1 poivron vert

1 poivron rouge

1 oignon

huile d'olive

Sel

Développement

Coupez les côtes et faites-les revenir dans une marmite très chaude. Supprimer et réserver.

Dans la même huile, faire revenir le poivron, l'ail et l'oignon coupés en morceaux de taille moyenne. Lorsque les légumes sont tendres, ajoutez la sauce tomate et ajoutez à nouveau les côtes levées. Mélangez et versez de l'eau. Ajouter la feuille de laurier et cuire à feu doux jusqu'à ce qu'elle soit presque tendre.

Ajoutez ensuite les pommes de terre et le fumier. Assaisonner de sel et poursuivre la cuisson jusqu'à ce que les pommes de terre soient tendres.

ASTUCE

Tamponner les pommes de terre signifie les casser avec un couteau sans les couper complètement. Cela libérera l'amidon des pommes de terre et rendra le bouillon plus riche et plus épais.

ŒUFS AU FRITS EN PANI

INGRÉDIENTS

8 oeufs

70 g de beurre

70 g de farine

Farine, œuf et chapelure (pour badigeonner)

½ litre de lait

noix de muscade

huile d'olive

sel et poivre

Développement

Faites chauffer une poêle avec de l'huile d'olive, faites revenir les œufs, laissez les jaunes crus ou très peu de temps. Retirer, assaisonner de sel et égoutter l'excès d'huile.

Préparez la sauce béchamel en faisant revenir la farine dans le beurre fondu pendant 5 minutes. Ajoutez le lait en remuant constamment et faites cuire à feu moyen pendant 10 minutes. Assaisonner et ajouter la muscade.

Couvrir délicatement les œufs de tous les côtés avec la sauce béchamel. Laisser refroidir au réfrigérateur.

Trempez les œufs dans la farine, l'œuf battu et la chapelure et faites-les frire dans une grande quantité d'huile chaude jusqu'à ce qu'ils soient dorés.

ASTUCE

Plus les œufs sont frais, moins ils éclabousseront lors de la friture. Pour ce faire, sortez-les du réfrigérateur 15 minutes avant de les faire frire.

POMMES DE TERRE AUX NOISETTES

INGRÉDIENTS

750 g de pommes de terre

25 g de beurre

1 cuillère à café de persil frais haché

2 cuillères à soupe d'huile d'olive

sel et poivre

Développement

Épluchez les pommes de terre et utilisez une perforatrice pour retirer les boules. Faites-les bouillir dans une casserole avec de l'eau froide et du sel. Lors de la première cuisson, attendez 30 secondes et égouttez.

Faire fondre le beurre et l'huile dans une poêle. Ajouter les pommes de terre séchées et égouttées et cuire à feu doux à moyen jusqu'à ce que les pommes de terre soient dorées au centre et tendres. Assaisonner de sel et de poivre et ajouter le persil.

ASTUCE

Vous pouvez également les cuire dans un four préchauffé à 175°C, en remuant de temps en temps, jusqu'à ce qu'ils soient tendres et dorés.

Œufs mollets

INGRÉDIENTS

8 oeufs

Sel

Vinaigre

Développement

Faites cuire les œufs dans l'eau bouillante avec du sel et du vinaigre pendant 5 minutes. Retirer, rincer immédiatement à l'eau glacée et peler soigneusement.

ASTUCE

Pour que les œufs durs soient plus faciles à peler, ajoutez beaucoup de sel à l'eau.

POMMES DE TERRE À LA RIOJANA

INGRÉDIENTS

2 grosses pommes de terre

1 cuillère à café de pâte de choricero ou de piment ñora

2 gousses d'ail

1 chorizo asturien

1 poivron vert

1 feuille de laurier

1 oignon

poivre

4 cuillères à soupe d'huile d'olive

Sel

Développement

Faire revenir l'ail haché dans l'huile pendant 2 minutes. Ajoutez l'oignon et le poivron coupés en julienne et faites revenir à feu moyen pendant 25 minutes (ils doivent être de la même couleur que celui caramélisé). Ajoutez une cuillère à café de piment chorizo.

Ajouter le chorizo haché et faire revenir encore 5 minutes. Ajoutez les pommes de terre Cachelada et laissez cuire encore 10 minutes en remuant constamment. Avec du sel.

Ajouter les poivrons et couvrir d'eau. Cuire avec la feuille de laurier à feu très doux jusqu'à ce que les pommes de terre soient cuites.

ASTUCE

Le reste peut être utilisé pour faire la crème. C'est un apéritif spectaculaire.

POMMES DE TERRE AUX CALMARS

INGRÉDIENTS

3 grosses pommes de terre

1 kg de calamar

3 gousses d'ail

1 boîte de petits pois

1 gros oignon

Approvisionnement en poisson

Persil frais

huile d'olive

Sel

Développement

Coupez l'oignon, l'ail et le persil en petits morceaux. Faites frire le tout dans une casserole à feu moyen.

Une fois les légumes cuits, augmentez le feu au maximum et faites revenir les calamars coupés en morceaux moyens pendant 5 minutes. Versez le bouillon de poisson (ou l'eau froide) et faites cuire jusqu'à ce que les calamars soient tendres. Assaisonner de sel, ajouter les pommes de terre pelées, les pommes de terre cachelada et les petits pois.

Réduire le feu et cuire jusqu'à ce que les pommes de terre soient tendres. Assaisonner de sel et servir chaud.

ASTUCE

Il est très important de faire frire les calamars à feu très vif, sinon ils seront durs et peu juteux.

Omelette aux crevettes à l'ail

INGRÉDIENTS

8 oeufs

350 g de crevettes décortiquées

4 gousses d'ail

1 poivre de Cayenne

huile d'olive

Sel

Développement

Coupez l'ail en tranches et faites-le revenir légèrement avec du poivre de Cayenne. Ajouter les crevettes, saler et retirer du feu. Égoutter les crevettes, l'ail et le poivre de Cayenne.

Faites bien chauffer une poêle avec l'huile d'ail. Battez les œufs et assaisonnez. Ajoutez les crevettes et l'ail et laissez-les s'enrouler légèrement en les enroulant.

ASTUCE

Pour éviter que la tortilla ne colle à la poêle, faites-la bien chauffer avant d'ajouter l'huile.

Compote de pommes de terre à la morue

INGRÉDIENTS

1 kg de pommes de terre

500 g de morue dessalée

1 litre de fumée

2 gousses d'ail

1 poivron vert

1 poivron rouge

1 oignon

persil frais haché

huile d'olive

Sel

Développement

Hachez finement l'oignon, l'ail et le poivre. Faites revenir les légumes à feu doux pendant 15 minutes.

Ajoutez les pommes de terre cachelada (déchirées, non hachées) et faites revenir encore 5 minutes.

Baignez-vous dans les fumées jusqu'au sel et faites cuire jusqu'à ce que les pommes de terre soient presque prêtes. Ajoutez ensuite le cabillaud et le persil et laissez cuire 5 minutes. Assaisonner de sel et servir chaud.

ASTUCE

Avant les fumées, vous pouvez ajouter 1 petit verre de vin blanc et quelques piments de Cayenne.

PURÉE DE POMME DE TERRE

INGRÉDIENTS

400 g de pommes de terre

100g de beurre

200 millilitres) de lait

1 feuille de laurier

noix de muscade

sel et poivre

Développement

Cuire les pommes de terre lavées et tranchées avec les feuilles de laurier à feu moyen jusqu'à ce qu'elles soient tendres. Égouttez les pommes de terre et passez-les dans un hachoir à pommes de terre.

Faire bouillir le lait avec le beurre, la muscade, le sel et le poivre.

Versez le lait dans les pommes de terre et mélangez avec un fouet. Si nécessaire, corrigez ce qui manque.

ASTUCE

Ajoutez 100 g de parmesan râpé et mélangez au fouet. Le résultat est délicieux.

OMELETTE AUX HARICOTS ET MORCILLA

INGRÉDIENTS

8 oeufs

400 g de fèves

150 g de boudin noir

1 gousse d'ail

1 oignon

huile d'olive

Sel

Développement

Cuire les fèves dans de l'eau bouillante avec une pincée de sel jusqu'à ce qu'elles soient tendres. Filtrer et rafraîchir avec de l'eau glacée froide.

Hachez finement l'oignon et l'ail. Faites frire le boudin noir à feu doux pendant 10 minutes en prenant soin de ne pas l'abîmer. Ajouter les fèves et cuire encore 2 minutes.

Mélangez les œufs et le sel. Ajouter les fèves et cuire dans une poêle très chaude.

ASTUCE

Pour préparer un plat encore plus impressionnant, retirez la peau de chaque fève immédiatement après son refroidissement. Il aura une consistance plus délicate.

Oeufs brouillés à l'ail et trigueros

INGRÉDIENTS

8 oeufs

100 g de pousses d'ail

8 tranches de pain grillé

8 asperges sauvages

2 gousses d'ail

huile d'olive

sel et poivre

Développement

Coupez les pousses d'ail et les asperges pelées en fines tranches. Coupez l'ail en tranches et faites-le revenir légèrement avec les pousses d'ail et les asperges. Saison.

Ajouter les œufs battus en remuant constamment jusqu'à ce que le mélange épaississe légèrement. Servir les œufs brouillés sur des tranches de pain grillées.

ASTUCE

Vous pouvez également préparer les œufs dans un bol au bain-marie à feu moyen en remuant constamment. Ils laissent une consistance ressemblant à du miel.

Compote de pommes de terre au NÍSCALE

INGRÉDIENTS

6 grosses pommes de terre

500 g de girolles

1 cuillère à café plate de poudre de paprika doux

1 gousse d'ail

1 oignon

½ poivron vert

½ poivron rouge

piments

Bouillon de viande (ce qui doit être couvert)

Développement

Faites revenir les légumes en petits morceaux à feu doux pendant 30 minutes. Ajoutez les pommes de terre Cachelada (déchirées, non hachées) et faites revenir 5 minutes. Ajouter les girolles propres, coupées en quartiers et sans tiges.

Faites frire pendant 3 minutes et ajoutez du poivron doux et quelques épices. Versez le bouillon et assaisonnez de sel (il doit être légèrement fade). Cuire à feu doux et assaisonner de sel.

ASTUCE

Sortez quelques pommes de terre cuites avec un peu de bouillon, écrasez-les et remettez-les dans le ragoût pour épaissir la sauce.

Omelette aux cèpes et crevettes

INGRÉDIENTS

8 oeufs

400 g de cèpes purs

150 g de crevettes

3 gousses d'ail

2 cuillères à soupe d'huile d'olive

sel et poivre

Développement

Hachez finement l'ail et faites-le revenir légèrement dans une poêle à feu moyen.

Coupez les cèpes en cubes, augmentez le feu et ajoutez l'ail dans la poêle. Cuire 3 minutes. Ajoutez les crevettes décortiquées et assaisonnées et faites revenir encore 1 minute.

Battez les œufs et ajoutez du sel. Ajouter les cèpes et les crevettes. Faites très bien chauffer une poêle avec 2 cuillères à soupe d'huile et attendez que la tortilla durcisse des deux côtés.

ASTUCE

Lorsque tous les ingrédients sont réunis, ajoutez un peu d'huile de truffe. Plaisir.

Casserole d'oeufs

INGRÉDIENTS

8 oeufs

125 g de parmesan

8 tranches de jambon Serrano

8 tranches de pain grillé

Sauce béchamel (voir rubrique bouillons et sauces)

Vinaigre

sel et poivre

Développement

Versez les œufs pochés avec beaucoup d'eau bouillante, du sel et un peu de vinaigre. Éteignez le feu, couvrez la cocotte et attendez 3-4 minutes. Retirer et rafraîchir avec de l'eau glacée. Retirer avec une écumoire et réserver sur du papier absorbant.

Répartissez le jambon Serrano dans 4 cocottes. Déposez les œufs dessus, versez la sauce béchamel et saupoudrez de parmesan râpé. Cuire au four jusqu'à ce que le fromage soit doré.

ASTUCE

Il peut être préparé avec du bacon fumé ou même de la sobrassada.

Omelette aux courgettes et aux tomates

INGRÉDIENTS

8 oeufs

2 tomates

1 courgette

1 oignon

huile d'olive

Sel

Développement

Coupez l'oignon en fines lanières et faites-le revenir à feu doux pendant 10 minutes.

Coupez les courgettes et les tomates en tranches et faites-les revenir dans une poêle très chaude. Lorsque les courgettes et les tomates sont dorées, coupez-les en fines lanières. Mélanger avec l'oignon et assaisonner de sel.

Battre les œufs et mélanger avec les légumes. Sel correct. Faites bien chauffer la poêle et laissez la tortilla durcir partiellement sur toute la surface de la poêle, puis roulez-la en rouleau.

ASTUCE

Essayez de le préparer avec des dés d'aubergines et de la sauce béchamel.

POMMES DE TERRE REVOLCONAS AU TORREZNOS

INGRÉDIENTS

400 g de pommes de terre

1 cuillère à soupe de paprika

2 tranches de bacon mariné pour les torreznos

2 gousses d'ail

poivre de Cayenne moulu

huile d'olive

Sel

Développement

Épluchez les pommes de terre et faites-les cuire dans une casserole jusqu'à ce qu'elles soient très tendres. Réservez de l'eau pour la cuisson.

Pendant ce temps, faites revenir les dés de lard à feu doux avec un très peu d'huile pendant 10 minutes jusqu'à ce qu'ils soient croustillants. Supprimer Torreznów.

Faites revenir l'ail coupé en petits morceaux dans la même graisse. Faites également revenir la poudre de paprika puis ajoutez-la à la cocotte de pommes de terre. Ajoutez un peu de sel et une pincée de poivre de Cayenne moulu.

Ecrasez avec quelques baguettes et ajoutez si besoin un peu de bouillon de cuisson des pommes de terre.

ASTUCE

Faites toujours cuire les pommes de terre dans de l'eau froide pour éviter qu'elles ne durcissent et mettent plus de temps à ramollir.

Omelette aux champignons et parmesan

INGRÉDIENTS

8 oeufs

300 g de champignons émincés

150 g de parmesan râpé

4 gousses d'ail

1 poivre de Cayenne

huile d'olive

Sel

Développement

Coupez l'ail en tranches et faites-le revenir légèrement avec du poivre de Cayenne. Ajoutez les champignons à feu vif, assaisonnez de sel et faites revenir 2 minutes. Retirer du feu. Égoutter les champignons, l'ail et le poivre de Cayenne.

Faites bien chauffer une poêle avec l'huile d'ail. Battez les œufs et assaisonnez, ajoutez les champignons, le parmesan râpé et l'ail. Laissez la tortilla s'enrouler et rouler légèrement.

ASTUCE

Servir avec une bonne sauce tomate assaisonnée de cumin.

SUFFLE DE POMMES DE TERRE

INGRÉDIENTS

1 kg de pommes de terre de même grosseur

2 litres d'huile d'olive

Sel

Développement

Épluchez les pommes de terre et étalez-les jusqu'à ce qu'elles forment une forme rectangulaire. A l'aide d'une mandoline, coupez les pommes de terre en tranches d'environ 4 mm d'épaisseur. Placez-les sur du papier absorbant (ne les plongez pas dans l'eau) et séchez-les soigneusement.

Faites chauffer l'huile dans une casserole à une température d'environ 150°C (elle commencera à bouillir constamment). Ajoutez les pommes de terre par lots et mélangez délicatement la cocotte en mouvements circulaires. Cuire pendant 12 minutes ou jusqu'à ce qu'ils flottent à la surface. Retirer et conserver sur du papier absorbant.

Augmentez le feu à vif jusqu'à ce qu'il commence à fumer légèrement et ajoutez à nouveau les pommes de terre, par lots, en remuant avec une écumoire. À ce stade, ils vont gonfler. Assaisonner avec du sel et servir.

ASTUCE

Ils peuvent être préparés un jour à l'avance ; Conservez-les simplement au réfrigérateur sur du papier absorbant. Au moment de déguster, faites-les revenir une dernière fois dans l'huile très chaude pour qu'ils gonflent et restent croustillants. Enfin, du sel. Il est très important d'avoir des pommes de terre de pluie, par exemple des pommes de terre marinées. Fonctionne parfaitement.

OMELETTE

INGRÉDIENTS

7 gros œufs

800 g de pommes de terre à frire

huile d'olive indigène

Sel

Développement

Peler des pommes de terre. Coupez-les en quatre dans le sens de la longueur puis en fines tranches. Chauffer l'huile à température moyenne. Ajouter les pommes de terre et faire revenir jusqu'à ce qu'elles soient tendres et légèrement dorées.

Mélangez les œufs et le sel. Bien égoutter les pommes de terre et les ajouter aux œufs battus. Sel correct.

Faites très bien chauffer la poêle, versez 3 cuillères à soupe d'huile de pommes de terre sautées et ajoutez le mélange œuf-pomme de terre. Remuer 15 secondes à feu vif et retourner avec une assiette. Faites chauffer à nouveau la poêle et ajoutez 2 cuillères à soupe d'huile pour faire revenir les pommes de terre. Ajoutez la tortilla et faites frire à feu vif pendant 15 secondes. Retirer et servir.

ASTUCE

Pour éviter que les tortillas ne collent, préchauffez bien la poêle avant d'ajouter l'huile. Si vous préférez un caillé fort, une fois retourné et légèrement doré, réduisez le feu et poursuivez la cuisson jusqu'à ce qu'il soit à votre goût.

POMMES DE TERRE DUCHESSE

INGRÉDIENTS

500 g de pommes de terre

60 g de beurre

3 oeufs

noix de muscade

2 cuillères à soupe d'huile d'olive

sel et poivre

Développement

Épluchez les pommes de terre, coupez-les en quartiers et faites-les bouillir dans de l'eau salée pendant 30 minutes. Filtrer et passer au moulin.

Ajouter le sel épicé, le poivre, la muscade, le beurre et 2 jaunes d'œufs. Bien mélanger.

A l'aide de deux cuillères huilées, formez des monticules sur une plaque à pâtisserie recouverte de papier sulfurisé. Badigeonner avec le deuxième œuf battu et enfourner à 180°C jusqu'à ce qu'il soit doré.

ASTUCE

Idéalement, transférez la purée dans une poche à douille munie d'un embout torsadé.

RIZ À LA CUBAINE

INGRÉDIENTS

Riz pilaf (voir rubrique riz et pâtes)

4 œufs

4 bananes

Sauce tomate (voir rubrique Bouillons et sauces)

Farine

huile d'olive

Développement

Préparez le riz pilaf et la sauce tomate.

Faites frire les œufs dans une grande quantité d'huile chaude afin que le jaune reste légèrement pris.

Saupoudrer les plantains de farine et les faire frire jusqu'à ce qu'ils soient légèrement dorés.

Disposez le riz, arrosez de sauce tomate et servez avec un œuf au plat et une banane.

ASTUCE

Les bananes frites peuvent attirer l'attention, mais une partie de la recette originale consiste à les essayer.

Soupe de riz aux palourdes, palourdes et crevettes

INGRÉDIENTS

800 g de riz

250 g de moules

250 g de moules propres en coquilles

100 g de crevettes décortiquées

2 litres de bouillon de poisson

1 cuillère à soupe de pâte de piment choricero

2 gousses d'ail

1 oignon

1 tomate râpée

huile d'olive

Sel

Développement

Mélangez les palourdes dans un bol avec de l'eau froide et 4 cuillères à soupe de sel.

Coupez l'oignon et les gousses d'ail en petits morceaux et faites-les revenir à feu doux pendant 15 minutes.

Ajoutez la tomate râpée et le chorizo et continuez à frire jusqu'à ce que la tomate perde son eau.

Ajouter le riz et faire revenir 3 minutes. Ajouter le bouillon jusqu'à ce qu'il soit salé et cuire à feu moyen pendant environ 18 minutes ou jusqu'à ce que le riz soit cuit.

Dans les 3 dernières minutes, ajoutez les moules, les moules et les crevettes.

ASTUCE

Le rinçage signifie l'immersion dans de l'eau froide et salée ; Cela éliminera tout le sable et la saleté des palourdes ou autres palourdes.

RIZ CANTONES AU POULET

INGRÉDIENTS

200 g de riz long

50 g de petits pois cuits

150 ml de sauce tomate

½ dl de sauce soja

2 poitrines de poulet

2 tranches d'ananas au sirop

1 gros poivron vert

1 gros oignon nouveau

huile d'olive

sel et poivre

Développement

Faites cuire le riz dans une grande quantité d'eau salée pendant 14 minutes. Filtrer et rafraîchir.

Coupez le poivron et l'oignon nouveau en petits morceaux et faites-les revenir à feu doux pendant 10 minutes. Augmentez le feu et ajoutez le poulet assaisonné et tranché.

Faites frire légèrement et ajoutez le riz, le soja, les pois et l'ananas. Laisser sécher à feu doux.

Ajoutez la tomate, augmentez le feu et faites frire jusqu'à ce que le riz soit cuit.

ASTUCE

Faites frire le riz pendant les 2 dernières minutes, lorsque la teneur en soja est complètement réduite. Vous pouvez ajouter des crevettes cuites ou des gambas.

Riz croustillant

INGRÉDIENTS

500g de riz

1 ¼ l de bouillon de poulet ou de viande

1 saucisse

1 saucisse

1 boudin noir

1 lapin

1 petit poulet

1 tomate

10 œufs

safran ou colorant

huile d'olive

sel et poivre

Développement

Préchauffer le four à 220°C. Coupez le chorizo, le saucisson et le boudin noir en petits cubes et faites-les revenir dans une poêle à feu vif. Décollez et réservez.

Faites revenir le lapin et le poulet émincé dans la même huile. Assaisonner de sel et de poivre et ajouter la tomate râpée. Cuire jusqu'à ce qu'il n'y ait plus d'eau.

Ajouter les saucisses et le riz et cuire 2 minutes.

Salez le bouillon, ajoutez du safran ou du colorant et laissez cuire à feu moyen pendant 7 minutes. Ajouter les œufs et cuire au four pendant 13 minutes.

ASTUCE

Pour que les œufs lèvent mieux au four, battez-les légèrement et sans sel.

RIZ CATALAN

INGRÉDIENTS

500g de riz

500 g de tomates

150 g de saucisses fraîches

150 g de viande hachée mélangée

100 g d'oignon haché

1 litre de bouillon de viande

1 ½ cuillères à café de paprika

1 cuillère à café de persil frais

1 cuillère à café de farine

½ cuillère à soupe de farine

3 gousses d'ail

2 feuilles de laurier

1 oeuf

10 brins de safran

Sucre

1 cuillère à soupe de beurre

huile d'olive

sel et poivre

Développement

Mélangez la viande hachée, le persil, 1 gousse d'ail finement hachée, l'œuf, le sel et le poivre. Pétrissez le tout et formez des boules. Faire frire dans l'huile, retirer et conserver.

Faire revenir le beurre dans la même huile à feu doux. Ajoutez la farine et ½ cuillère à café de paprika et poursuivez la friture pendant 1 minute. Ajouter les tomates en quartiers et 1 feuille de laurier. Couvrir et cuire 30 minutes, mélanger, filtrer et assaisonner de sel et de sucre si nécessaire.

Cuire les saucisses et les boulettes de viande hachées dans la sauce tomate pendant 5 minutes.

A part, faites revenir les 2 gousses d'ail restantes et l'oignon finement haché, ajoutez le riz, 1 cuillère à café de paprika et la deuxième feuille de laurier et remuez pendant 2 minutes. Ajouter le safran et le bouillon frémissant jusqu'à ce qu'ils soient salés et cuire 18 minutes ou jusqu'à ce que le riz soit cuit.

ASTUCE

Vous pouvez également ajouter des saucisses à ce plat de riz.

Soupe de riz aux haricots blancs et blettes

INGRÉDIENTS

300 g de riz

250 g de haricots blancs

450 g de blettes

½ litre de bouillon de poulet

2 gousses d'ail

1 tomate râpée

1 oignon

1 cuillère à café de paprika

10 brins de safran

huile d'olive

Sel

Développement

Faites tremper les haricots la veille. Cuire dans l'eau froide sans sel jusqu'à ce qu'il soit tendre. Réservations.

Nettoyez les feuilles de blettes et coupez-les en morceaux de taille moyenne. Nettoyez, épluchez et coupez les tiges en petits morceaux. Cuire dans l'eau bouillante salée pendant 5 minutes jusqu'à ce qu'ils soient tendres. Mise à jour.

Coupez l'oignon et l'ail en petits morceaux. Faire revenir dans une casserole à feu doux. Ajouter les poivrons et le safran. Cuire 30 secondes. Ajoutez la tomate, augmentez le feu et laissez cuire jusqu'à ce que la tomate perde toute son eau.

Ajouter le riz et cuire encore 2 minutes. Ajoutez 250 ml d'eau de cuisson des haricots et encore 250 ml d'eau de cuisson des blettes au bouillon de poulet. Ajoutez-le au dessus du sel et ajoutez-le au riz. Cuire 15 minutes, ajouter les blettes et les haricots et cuire encore 3 minutes.

ASTUCE

Vers la fin de la cuisson, remuez légèrement le riz pour libérer la fécule et épaissir le bouillon.

RIZ AU THON FRAIS

INGRÉDIENTS

200 g de riz

250 g de thon frais

1 cuillère à café de poivron

½ l de bouillon de poisson

4 tomates râpées

3 piments piquillos

1 poivron vert

2 gousses d'ail

1 oignon

10 brins de safran

Sel

Développement

Faites revenir les dés de thon dans une poêle à feu vif. Décollez et réservez.

Coupez l'oignon, le poivron vert et l'ail en petits morceaux. Faire revenir à feu doux dans la même huile que le thon pendant 15 minutes.

Ajouter le safran, les poivrons, les piments piquillos coupés en morceaux moyens et les tomates râpées. Laisser mijoter jusqu'à ce que la tomate perde toute son eau.

Ajoutez ensuite le riz et laissez cuire encore 3 minutes. Égouttez le bouillon, salez et laissez cuire 18 minutes. Environ 1 minute avant que le riz soit prêt, ajoutez à nouveau le thon. Laisser reposer 4 minutes.

ASTUCE

Soyez prudent lorsque vous cuisinez du thon. Trop cuit, il devient très sec et a peu de saveur.

RIZ AU POULET, BACON, AMANDES ET FAMILLES

INGRÉDIENTS

300 g de riz

175 g de lardons

150 g d'amandes Granillo torréfiées

75 g de raisins secs

700 ml de bouillon de poulet

1 poitrine de poulet

10 brins de safran

1 poivron vert

1 poivron rouge

1 gousse d'ail

1 tomate râpée

1 oignon nouveau

huile d'olive

sel et poivre

Développement

Coupez la poitrine en morceaux de taille moyenne, assaisonnez de sel et de poivre et faites-la revenir à feu vif. Décollez et réservez. Faites revenir les dés de lard dans la même huile. Décollez et réservez.

Coupez tous les légumes sauf les tomates en petits morceaux. Faire frire à feu doux pendant 15 minutes. Ajoutez le safran et le paprika. Frire pendant 30 secondes. Ajoutez la tomate râpée et faites revenir à feu vif jusqu'à ce que toute l'eau s'évapore.

Ajouter le riz et cuire 3 minutes en remuant constamment. Ajouter le poulet, les raisins secs et le bacon. Ajouter le bouillon jusqu'à la limite de sel et cuire 18 minutes. Réserver 4 minutes et servir avec des amandes dessus.

ASTUCE

Pour ramollir les raisins secs, il est recommandé de les tremper dans de l'eau ou un peu de rhum.

RIZ À LA MORUE ET HARICOTS BLANCS

INGRÉDIENTS

200 g de riz

250 g de morue dessalée

125 g de haricots blancs cuits

½ l de bouillon de poisson

1 oignon nouveau

1 gousse d'ail

1 tomate râpée

1 poivron vert

10 brins de safran

huile d'olive

Sel

Développement

Coupez l'oignon nouveau, l'ail et le poivron en petits morceaux et faites-les revenir à feu doux pendant 15 minutes. Ajouter le safran et les tomates râpées et cuire jusqu'à ce qu'il reste presque toute l'eau des tomates.

Ajouter le riz et cuire 3 minutes. Ajouter le bouillon jusqu'à la limite de sel et cuire environ 16 minutes. Ajouter la morue et les haricots. Cuire encore 2 minutes et réserver 4 minutes.

ASTUCE

Il peut être mis au four après la première cuisson pour garantir que le riz soit complètement sec. 18 minutes seulement à 200°C suffisent.

RIZ AVEC HARMATE

INGRÉDIENTS

250 g de riz

150 g de moules

¾ l de bouillon de poisson (voir la rubrique bouillons et sauces)

1 gros homard

1 cuillère à soupe de persil haché

2 tomates râpées

1 oignon

1 gousse d'ail

10 brins de safran

huile d'olive

Sel

Développement

Coupez le homard en deux. Égouttez les moules dans l'eau froide salée pendant 2 heures.

Faites frire le homard dans un peu d'huile des deux côtés. Réservez l'oignon et l'ail hachés et ajoutez-les à la même huile. Faire frire à feu doux pendant 10 minutes.

Ajoutez le safran, laissez cuire 30 secondes, augmentez le feu et ajoutez les tomates. Laisser mijoter jusqu'à ce que la tomate perde toute son eau.

Ajouter le riz et cuire 2 minutes. Versez dessus le bouillon bouillant, salez et laissez cuire encore 14 minutes. Placez les palourdes et la chair du homard côté vers le bas. Couvrir et laisser reposer 4 minutes.

ASTUCE

Pour rendre ce riz sucré, vous devez ajouter du bouillon triple comme du riz. Et si nous voulons que ce soit une soupe, nous devons ajouter quatre fois plus de bouillon que de riz.

RIZ GREC

INGRÉDIENTS

600 g de riz

250 g de saucisses fraîches

100 g de bacon en petits morceaux

100 g de poivron rouge

100g d'oignon

50 g de petits pois

1 litre de bouillon de viande

1 feuille de laurier

1 branche de thym

sel et poivre

Développement

Coupez l'oignon et le poivron rouge en petits morceaux et faites-les revenir à feu moyen.

Coupez les saucisses en morceaux et ajoutez-les à la sauce oignon-poivre. Ajouter le bacon et cuire 10 minutes.

Ajouter le riz et assaisonner avec le bouillon, les petits pois et les herbes. Assaisonnez de sel et de poivre et poursuivez la cuisson à feu doux pendant encore 15 minutes.

ASTUCE

Des poivrons piquillos peuvent être utilisés ; Ils apportent une douceur parfaite.

RIZ CUIT

INGRÉDIENTS

600 g de riz

500 g de tomates

250 g de champignons purs

150 g de beurre

90g d'oignon

75 g de parmesan râpé

1 et ¼ de bouillon de viande

12 brins de safran

Sel

Développement

Faites revenir l'oignon coupé en dés dans le beurre à feu doux pendant 10 minutes. Ajoutez les tomates coupées en petits morceaux et faites revenir encore 10 minutes ou jusqu'à ce que les tomates aient perdu toute leur eau.

Ajouter le riz et cuire 2 minutes. Ajoutez ensuite les champignons émincés et le safran.

Ajouter le bouillon bouillant jusqu'à la limite de sel et cuire jusqu'à ce que le riz soit tendre, environ 18 minutes. Ajouter le fromage et mélanger.

ASTUCE

Si nous cuisons légèrement le safran dans du papier aluminium et le broyons avec du sel dans un mortier, le safran sera réparti uniformément.

Bouillon de riz aux fruits de mer

INGRÉDIENTS

500 g de bombe ou de riz rond

1 ½ litre de bouillon de poisson

1 oignon

1 poivron rouge

1 poivron vert

1 grosse tomate râpée

2 gousses d'ail

8 brins de safran

8 calamars

Divers crustacés (écrevisses, carabiniers, etc.)

huile d'olive

Sel

Développement

Préparez le bouillon de poisson avec les arêtes, les têtes de poisson et les crustacés. Pour ce faire, laissez mijoter le tout à feu doux pendant 25 minutes en ajoutant suffisamment d'eau pour couvrir pendant la cuisson. Filtrer et assaisonner de sel.

Pendant ce temps, coupez l'oignon, le poivron et l'ail en cubes et faites-les revenir dans un peu d'huile. Ajouter les calamars hachés et faire revenir à feu vif pendant 2 minutes. Ajouter la tomate râpée et cuire jusqu'à ce qu'elle perde de l'eau.

Ajouter le riz et cuire. Ajouter le safran et le bouillon jusqu'à ce qu'ils soient salés et cuire à feu moyen pendant 18 minutes.

Dans les 2 dernières minutes, ajoutez les coquillages, nettoyez-les bien et, si besoin, placez-les sur le grill. Laisser reposer 5 minutes.

ASTUCE

Ajouter quelques ñoras au fumet donnera au bouillon plus de saveur et une belle couleur.

RIZ TROIS DÉLICIODES

INGRÉDIENTS

400 g de riz

150 g de jambon cuit

150 g de petits pois

3 carottes

3 oeufs

huile d'olive

Sel

Développement

Faites revenir le riz dans un peu d'huile puis faites-le cuire dans de l'eau bouillante salée.

Pendant ce temps, épluchez les carottes, coupez-les en petits morceaux et faites-les revenir à feu vif. Faites cuire les petits pois dans l'eau bouillante salée pendant 12 minutes. Filtrer et rafraîchir.

Préparez une omelette française avec 3 œufs. Coupez le jambon cuit en petits cubes et mélangez-le avec le riz. Faire frire à feu doux pendant 5 minutes. Ajouter les carottes, les petits pois et la tortilla coupée en fines lanières.

ASTUCE

Il est préférable d'utiliser du riz long pour cette recette. Il faut le cuire avec la bonne quantité d'eau.

RIZ AU LAIT AVEC SPÉCIALITÉ

INGRÉDIENTS

500 g de riz bombé

2 perdrix

1 oignon

1 poivron rouge

1 poivron vert

1 carotte

2 gousses d'ail

2 cuillères à soupe de tomates frites

1 feuille de laurier

thym

Brandy

huile d'olive

sel et poivre

Développement

Coupez les perdrix et assaisonnez-les. Faire frire dans une casserole à feu vif. Décollez et réservez. Dans la même huile, faire revenir les poivrons, l'oignon, l'ail et les carottes finement hachés.

Ajouter les tomates frites et le cognac et laisser mijoter. Ajoutez ensuite le thym, le laurier et les perdrix. Versez de l'eau et une pincée de sel et faites cuire à feu doux jusqu'à ce que les perdrix soient tendres.

Lorsque les perdrix sont tendres, retirez-les du bouillon en ne laissant qu'un litre et demi de bouillon dans la même marmite.

Salez le bouillon et ajoutez à nouveau le riz et les perdrix. Cuire environ 18 minutes et enfin remuer légèrement le riz pour le rendre collant.

ASTUCE

Cette recette peut être préparée pendant la nuit. Tout ce que vous avez à faire est d'ajouter du riz.

RISOTTO AUX ASPERGES SAUVAGES ET AU SAUMON

INGRÉDIENTS

240 g de riz boisé

150 g de parmesan

600 cl de bouillon de viande

1 verre de vin blanc

2 cuillères à soupe de beurre

4 asperges sauvages

1 oignon

4 tranches de saumon fumé

Développement

Faites revenir l'oignon émincé dans 1 cuillère à soupe de beurre à feu doux pendant 10 minutes. Ajouter le riz et cuire encore 1 minute. Ajoutez le vin et attendez qu'il s'évapore complètement.

Pendant ce temps, coupez les asperges en petites tranches et faites-les revenir. Réservations

Faites cuire le bouillon jusqu'à ce qu'il soit salé et ajoutez-le au riz (il doit y avoir un doigt au-dessus du riz). Cuire à feu doux en remuant constamment, une fois le liquide évaporé, ajouter plus de bouillon.

Lorsque le riz est presque prêt (laissez toujours un peu de soupe), ajoutez les asperges frites et les lanières de saumon fumé.

Ajoutez enfin le parmesan et une autre cuillère à soupe de beurre et mélangez. Réserver 5 minutes avant de servir.

ASTUCE

Le vin peut également être rouge, rosé ou cava. Le riz peut être préparé à l'avance. Tout ce que vous avez à faire est de cuire le riz pendant 10 minutes, de le congeler jusqu'à ce qu'il refroidisse et de le conserver au réfrigérateur. Si vous souhaitez le préparer, versez simplement du bouillon chaud dessus et attendez que le riz soit cuit.

Riz à la lotte, pois chiches et épinards

INGRÉDIENTS

300 g de riz

250 g de pois chiches cuits

250 g d'épinards frais

450 g de lotte en morceaux

750 ml de bouillon de poisson

10 brins de safran

2 gousses d'ail

1 oignon nouveau

1 tomate râpée

1 cuillère à café de paprika

huile d'olive

sel et poivre

Développement

Assaisonnez la lotte avec du sel et du poivre et faites-la revenir dans une poêle à paella bien chaude. Réservations.

Hachez finement l'oignon et l'ail. Faire revenir à feu doux 10 minutes dans la même poêle dans laquelle la lotte a été préparée. Ajouter les épinards hachés et faire revenir encore 3 minutes.

Ajouter le paprika et le safran et cuire 30 secondes. Ajoutez la tomate râpée et faites cuire jusqu'à ce qu'elle perde toute son eau.

Ajouter le riz et cuire 2 minutes. Ajouter le bouillon jusqu'à la limite de sel et cuire 15 minutes. Ajoutez la lotte et les pois chiches et laissez cuire encore 3 minutes.

ASTUCE

Le reste du riz est important. Avant de servir, réserver au moins 4 minutes.

RIZ OU CALDEIRO

INGRÉDIENTS

200 g de riz

150 g de porc maigre

150 g de côtes de porc

¼ de lapin

¼ l de bouillon de viande ou de volaille

10 brins de safran

2 tomates râpées

2 gousses d'ail

1 petit poivron rouge

1 oignon

huile d'olive

sel et poivre

Développement

Salez et poivrez le porc, le lapin et les côtes hachées et faites revenir à feu vif. Décollez et réservez.

Dans la même huile, faites revenir à feu doux l'oignon, le poivron et l'ail coupés en petits cubes pendant 15 minutes. Ajoutez le safran et les tomates râpées. Cuire jusqu'à ce que la tomate perde toute son eau.

Ajouter le riz et cuire 2 minutes. Ajoutez du sel et laissez cuire encore 18 minutes.

ASTUCE

Le riz doit être sucré. Sinon, ajoutez un peu de bouillon en fin de cuisson et mélangez délicatement.

RIZ NOIR AUX CALMARS

INGRÉDIENTS

400 g de riz

1 litre de bouillon de poisson

16 crevettes décortiquées

8 calamars

1 gousse d'ail

2 cuillères à soupe de sauce tomate

8 enveloppes à l'encre de seiche

½ oignon

½ poivron vert

½ poivron rouge

½ verre de vin blanc

huile d'olive

Sel

Développement

Hachez finement l'oignon, l'ail et le poivron et faites revenir le tout dans une poêle à feu doux jusqu'à ce que les légumes soient tendres.

Ajouter les calamars propres coupés en morceaux moyens et cuire à feu vif pendant 3 minutes. Ajouter la sauce tomate et cuire encore 5 minutes.

Ajoutez le vin et attendez qu'il réduise complètement. Ajoutez les sachets de riz et d'encre et faites frire encore 3 minutes.

Ajouter le bouillon bouillant jusqu'à ce qu'il soit salé et cuire au four à 200°C pendant 18 minutes ou jusqu'à ce qu'il soit sec. Ajoutez les crevettes dans les 5 dernières minutes et réservez encore 5 minutes avant de servir.

ASTUCE

À la fin du riz cuit, il sera plus facile pour lui de ressortir parfaitement. Il y a aussi un bon aïoli.

RIZ PILAF

INGRÉDIENTS

300 g de riz à grains courts

120 g de beurre

60g d'oignon

600 ml de bouillon de poulet (ou eau bouillante)

2 gousses d'ail

1 branche de thym, persil et laurier

Développement

Coupez l'oignon et l'ail en brunoise et faites-les revenir dans le beurre sans les laisser dorer.

Lorsqu'il commence à devenir translucide, ajoutez le bouquet garni et le riz. Faire frire jusqu'à ce que le riz soit bien imbibé de la graisse du beurre. Ajouter du bouillon ou de l'eau bouillante jusqu'à la limite de sel et mélanger.

Cuire à feu vif pendant 6 à 7 minutes, puis réduire le feu à doux, couvrir et cuire encore 12 minutes.

ASTUCE

Il peut être cuit au four préchauffé à 200°C pendant 12 minutes jusqu'à ce qu'il soit sec. Ce riz est utilisé comme plat principal ou en complément de la viande et du poisson.

POISSON ET FRUITS DE MER FIDEUÁ

INGRÉDIENTS

400 g de pâtes fines

350 g de tomates

250 g de lotte

800 ml de fumée

4 crevettes

1 petit oignon

1 poivron vert

2 gousses d'ail

1 cuillère à soupe de paprika

10 brins de safran

huile d'olive

sel et poivre

Développement

Faites frire les pâtes dans l'huile dans une paeller ou une cocotte. Supprimer et réserver.

Faites revenir les langoustines et la lotte poivrée dans la même huile. Supprimer et réserver.

Dans la même huile, faites revenir l'oignon, le poivron et l'ail coupés en petits morceaux. Ajoutez les poivrons, le safran et les tomates râpées et faites revenir 5 minutes.

Ajouter les pâtes et mélanger. Ajouter le bouillon jusqu'à ce qu'il soit salé et cuire à feu moyen pendant 12 minutes ou jusqu'à ce que le bouillon soit évaporé. Lorsqu'il reste 3 minutes de cuisson, ajoutez les écrevisses et la lotte.

ASTUCE

Plus de l'aïoli noir. Tout ce que vous avez à faire est de préparer de l'aïoli nature et de le mélanger avec un petit sachet d'encre de seiche.

PÂTES PUTANÉCA

INGRÉDIENTS

1 boîte d'anchois, 60 g

2 gousses d'ail

2 cuillères à soupe de câpres

2 ou 3 grosses tomates râpées

20 olives noires sans pépins

1 poivre de Cayenne

Sucre

Origan

Parmesan

Développement

Faites revenir les anchois hachés dans l'huile en conserve à feu doux jusqu'à ce qu'ils disparaissent presque. Ajouter l'ail écrasé en très petits morceaux et faire revenir à feu doux pendant 4 minutes.

Ajouter les câpres hachées, les tomates râpées et les olives dénoyautées et coupées en quartiers. Cuire avec le poivre de Cayenne environ 10 minutes à feu moyen (retirer lorsque la sauce bout) et assaisonner de sucre si nécessaire. Ajouter l'origan et le parmesan au goût.

Faites cuire n'importe quel type de pâtes et ajoutez de la putanesca dessus.

ASTUCE

Pour le préparer, vous pouvez ajouter un peu de carotte râpée et du vin rouge.

LES ÉPINARDS ET LA REINE DES CANNELLONI

INGRÉDIENTS

500 g d'épinards

200 g de fromage cottage

75 g de parmesan râpé

50 g de pignons de pin grillés

16 assiettes de pâtes

1 oeuf battu

Sauce tomate (voir rubrique Bouillons et sauces)

Sauce béchamel (voir rubrique bouillons et sauces)

Sel

Développement

Faites cuire les feuilles de pâtes dans beaucoup d'eau bouillante. Retirer, rafraîchir et sécher sur un chiffon propre.

Cuire les épinards dans de l'eau bouillante salée pendant 5 minutes. Filtrer et rafraîchir.

Mélanger le fromage, les pignons de pin, les épinards, l'œuf et le sel dans un bol. Remplissez les cannellonis avec le mélange obtenu en leur donnant une forme cylindrique.

Disposez une couche de sauce tomate sur une plaque allant au four, déposez les cannellonis dessus et versez dessus la sauce béchamel. Cuire au four à 185°C pendant 40 minutes.

ASTUCE

Vous pouvez utiliser n'importe quel type de fromage pour la garniture. Pour une meilleure texture et onctuosité, vous pouvez également utiliser du fromage Burgos.

SPAGHETTI FRUITS DE MER

INGRÉDIENTS

400 g de spaghettis

500 g de moules

1 oignon

2 gousses d'ail

4 cuillères à soupe d'eau

1 petite tomate

1 petit verre de vin blanc

½ piment

huile d'olive

Sel

Développement

Plongez les moules dans de l'eau froide avec beaucoup de sel pendant 2 heures pour les nettoyer soigneusement de toute saleté restante.

Une fois qu'ils sont propres, faites-les cuire dans une casserole couverte avec 4 cuillères à soupe d'eau et un verre de vin. Dès leur ouverture, retirez-les et réservez l'eau de cuisson.

Faites revenir l'oignon et l'ail coupés en petits morceaux pendant 5 minutes. Ajouter les tomates en dés et faire revenir encore 5 minutes. Ajouter le piment et cuire jusqu'à ce qu'il soit bien cuit.

Augmentez le feu et ajoutez l'eau de cuisson des palourdes. Cuire 2 minutes jusqu'à ce que le vin ait perdu tout son alcool et ajouter les moules. Laisser mijoter encore 20 secondes.

Cuire les spaghettis séparément, les égoutter et les faire revenir sans les refroidir avec la sauce et les moules.

ASTUCE

Vous pouvez également ajouter à ce plat quelques cubes de lotte, de crevettes ou de moules. Le résultat est tout aussi bon.

LASAGNE FLORENTIN AUX PÂTES FRAÎCHES

INGRÉDIENTS

Pour les feuilles de pâtes

100g de farine

2 oeufs

Sel

Pour la sauce tomate

500 g de tomates mûres

250 g d'oignon

1 gousse d'ail

1 petite carotte

1 petit verre de vin blanc

1 branche de thym, romarin et laurier

1 pointe de jambon

Pour la sauce Mornay

80g de farine

60 g de parmesan râpé

80 g de beurre

1 litre de lait

2 jaunes

noix de muscade

sel et poivre

autres ingrédients

150 g d'épinards purs

Fromage Parmesan râpé

Développement

Pour les feuilles de pâtes

Placez la farine en forme de volcan sur la planche à pâtisserie, ajoutez une pincée de sel et un œuf dans le trou central. Mélangez avec vos doigts.

Pétrir avec les mains, former une boule et mettre au réfrigérateur 30 minutes recouverte d'un linge humide. Étaler très finement au rouleau à pâtisserie, portionner, cuire et laisser refroidir.

Pour la sauce tomate

Coupez l'oignon, l'ail et la carotte en julienne et faites-les revenir avec le dessus du jambon. Ajoutez le vin et laissez réduire. Ajouter les tomates en quartiers et les herbes et couvrir. Cuire 30 minutes. Corriger le sel et le sucre. Retirez les herbes, le jambon et la purée.

Pour la sauce Mornay

Préparez la sauce béchamel (voir chapitre "Rôles et sauces") avec le poids indiqué ci-dessus. Ajouter les jaunes et le fromage hors du feu.

Fin

Coupez les épinards en fines lanières et faites-les cuire dans l'eau bouillante pendant 5 minutes. Laisser refroidir et bien égoutter. Mélanger avec la sauce Mornay.

Servir la sauce tomate au fond du plat, puis ajouter les pâtes fraîches et terminer par les épinards. Répétez le processus trois fois. Ajoutez enfin la sauce Mornay et le parmesan râpé. Cuire au four 20 minutes à 180°C.

ASTUCE

Pour gagner du temps, vous pouvez acheter des feuilles de lasagnes.

SPAGHETTI À LA SAUCE CARBONARA

INGRÉDIENTS

400g de pâtes

100 g de lardons

80 g de parmesan

2 oeufs

huile d'olive

Sel et poivre noir

Développement

Coupez le bacon en lanières et faites-le revenir dans une poêle chauffée avec un peu d'huile. Réservations.

Faites cuire les spaghettis dans de l'eau bouillante salée. Pendant ce temps, battez les jaunes de deux œufs, ajoutez le fromage râpé et une pincée de sel et de poivre.

Égouttez les pâtes sans les refroidir et, sans les laisser refroidir, mélangez-les avec les œufs battus. Cuisinez en utilisant la chaleur de vos propres pâtes. Ajouter la pancetta et servir avec du fromage râpé et du poivre.

ASTUCE

Les blancs d'œufs peuvent faire une bonne meringue.

CANNELLONI À LA VIANDE AUX CHAMPIGNONS

INGRÉDIENTS

300g de champignons

200g de boeuf

12 assiettes de cannellonis ou de pâtes fraîches (100 g de farine, 1 œuf et sel)

80 g de parmesan

½ litre de lait

1 oignon

1 poivron vert

2 gousses d'ail

1 pot de sauce tomate

2 carottes

40g de farine

40g de beurre

vin blanc

Origan

noix de muscade

sel et poivre

Développement

Coupez les légumes en petits morceaux et faites-les revenir. Ajoutez la viande et continuez à frire jusqu'à ce que le veau perde sa couleur rose. Saison. Ajouter le vin blanc et laisser réduire. Ajouter la sauce tomate et cuire 30 minutes. Ajoutez un peu d'origan et attendez qu'il refroidisse.

A part, préparez la sauce béchamel à partir du beurre, de la farine, du lait et de la muscade (voir le chapitre "Rôles et sauces"). Faites ensuite revenir les champignons et mélangez-les à la sauce béchamel.

Cuire les assiettes de cannellonis. Remplissez les nouilles de viande et roulez-les. Faire revenir avec la sauce béchamel aux champignons et saupoudrer de parmesan râpé. Cuire et griller à 190°C pendant 5 minutes.

ASTUCE

Pour éviter qu'ils ne se désagrègent, cassez toujours les cannellonis froids. Il suffit ensuite de réchauffer les portions au four.

GROUPE LASAGNO ET PLUS CALME

INGRÉDIENTS

pour l'insémination

50g de beurre

50g de farine

1 litre de lait

noix de muscade

Sel

Sauce au poivre

2 gros poivrons rouges

1 petit oignon

huile d'olive

Sucre

Sel

Pour le remplissage

400 g de mérou

250 g de calamar

1 gros oignon

1 gros poivron rouge

feuilles de lasagne précuites

Développement

pour l'insémination

Préparez une sauce béchamel en faisant revenir la farine avec le beurre et en ajoutant du lait. Cuire 20 minutes en remuant constamment, assaisonner de sel et de muscade.

Sauce au poivre

Faites cuire les poivrons, et après cuisson, réservez à couvert pendant 15 minutes.

Pendant ce temps, faites revenir l'oignon émincé dans une grande quantité d'huile. Épluchez le poivron, ajoutez-le à l'oignon et faites revenir 5 minutes. Retirez un peu d'huile et mélangez.

Ajustez le sel et le sucre au besoin.

Pour le remplissage

Faites revenir l'oignon et le poivron émincés et ajoutez le mérou. Faites frire à feu vif pendant 3 minutes et ajoutez les calamars. Cuire jusqu'à ce qu'il soit tendre.

Placez la béchamel sur une plaque à pâtisserie et déposez dessus une couche de nouilles à lasagne. Remplissez de poisson. Répétez le processus trois fois.

Terminez par la sauce béchamel et enfournez à 170°C pendant 30 minutes.

Servir avec une sauce au poivre par dessus.

ASTUCE

L'ajout de carottes cuites et hachées à la sauce béchamel lui donne un goût encore meilleur.

PAELLA MIXTE

INGRÉDIENTS

300 g de riz

200 g de moules

125 g de calamar

125 g de crevettes

700 ml de bouillon de poisson

½ poulet haché

¼ de lapin haché

1 branche de romarin

12 brins de safran

1 tomate

1 oignon nouveau

½ poivron rouge

½ poivron vert

1 gousse d'ail

huile d'olive

sel et poivre

Développement

Coupez le poulet et le lapin, assaisonnez et faites revenir à feu vif. Décollez et réservez.

Faites revenir l'oignon nouveau, le poivron et l'ail finement hachés dans la même huile pendant 10 minutes. Ajoutez le safran et faites revenir 30 secondes. Ajouter la tomate râpée et cuire jusqu'à ce que toute l'eau soit perdue. Augmentez le feu et ajoutez les calamars hachés. Cuire 2 minutes. Ajoutez le riz, faites revenir 3 minutes et versez le bouillon jusqu'au niveau du sel.

Ouvrir les moules dans une casserole couverte avec un peu d'eau. Une fois ouverts, sortez-les et réservez-les.

Préchauffer le four à 200°C et cuire au four environ 18 minutes ou jusqu'à ce que le riz soit sec. Ajoutez les crevettes au dernier moment. Retirez les palourdes et disposez-les dessus. Couvrir d'un torchon et laisser reposer 4 minutes.

ASTUCE

Lorsque vous ajoutez du sel aux bouillons de riz sec, vous devez toujours ajouter un peu plus de sel que d'habitude.

LASAGAIN DE LÉGUMES AU FROMAGE FRAIS ET CARVI

INGRÉDIENTS

3 grosses carottes

2 gros oignons

1 gros poivron rouge

1 grosse aubergine

1 grosse courgette

1 tasse de fromage Philadelphie

Fromage râpé

cumin en poudre

Lasagnes

Sauce beige

Développement

Coupez les légumes en petits morceaux et faites-les revenir dans l'ordre suivant : carottes, oignons, poivrons, aubergines et courgettes. Laissez une pause de 3 minutes entre chacun. Après la friture, ajoutez du fromage et du cumin au goût. Réservations.

Cuire les nouilles à lasagnes selon les instructions du fabricant en préparant la sauce béchamel (voir la section Bouillons et sauces).

Sur une plaque allant au four, déposez une couche de sauce béchamel, une autre couche de nouilles à lasagne, puis les légumes. Répétez cette étape trois fois et ajoutez enfin une couche de sauce béchamel et de fromage râpé par dessus. Cuire au four à 190°C jusqu'à ce que le fromage soit doré.

ASTUCE

Il existe un grand choix de fromages à la crème à tartiner. Il peut être préparé avec un petit chèvre, avec des herbes, du saumon, etc.

PÂTES AU YAOURT ET SAUCE AU THON

INGRÉDIENTS

400g de pâtes

50 g de parmesan

2 cuillères à soupe de fromage à la crème

1 cuillère à soupe d'origan

2 boîtes de thon à l'huile

3 yaourts

sel et poivre

Développement

Dans un verre à mélange, mélanger le thon non égoutté, le fromage, le yaourt, l'origan, le parmesan, le sel et le poivre. Réservations.

Cuire les pâtes dans une grande quantité d'eau salée et égoutter sans les refroidir. Mélangez les pâtes encore chaudes avec la sauce et servez.

ASTUCE

Cette sauce peut être utilisée pour réaliser une délicieuse salade de pâtes froides sans avoir besoin d'utiliser de mayonnaise.

Gnocchis de pommes de terre, sauce au fromage bleu et pistaches

INGRÉDIENTS

1 kg de pommes de terre

250 g de farine

150 g de crème

100 g de fromage bleu

30 g de pistaches pelées

1 verre de vin blanc

1 oeuf

noix de muscade

sel et poivre

Développement

Lavez les pommes de terre et faites-les cuire avec la pelure et le sel pendant 1 heure. Égoutter et laisser refroidir jusqu'à ce que vous puissiez les peler. Passer au hachoir à pommes de terre, ajouter l'oeuf, le sel, le poivre, la muscade et la farine. Pétrissez jusqu'à ce qu'il ne colle plus à vos mains. Laisser reposer 10 minutes. Divisez ensuite la pâte en petites boules (gnocchis).

Faites bouillir le fromage bleu dans le vin et continuez de remuer jusqu'à ce que le vin soit presque complètement réduit. Ajouter la crème et cuire 5 minutes. Assaisonner de sel et de poivre, ajouter les pistaches.

Faites cuire les gnocchis dans beaucoup d'eau bouillante, égouttez-les et ajoutez la sauce.

ASTUCE

Les gnocchis sont prêts lorsqu'ils commencent à flotter.

PÂTES AU SAUMON CARBONARA

INGRÉDIENTS

400 g de spaghettis

300g de saumon

60 g de parmesan

200 ml de crème liquide

1 petit oignon

2 oeufs

huile d'olive

Sel et poivre noir moulu

Développement

Faites bouillir les spaghettis dans beaucoup d'eau salée. Pendant ce temps, râpez le fromage et coupez le saumon en morceaux.

Faites revenir l'oignon dans un peu d'huile, ajoutez le saumon et la crème. Cuire jusqu'à ce que le saumon soit cuit, assaisonner de sel et de poivre. Après avoir éteint le feu, ajoutez les œufs et le parmesan râpé.

Servir des spaghettis fraîchement préparés avec de la carbonara.

ASTUCE

Ajouter un peu de bacon à cette sauce constitue une garniture parfaite pour certaines aubergines cuites au four.

Pâtes aux cèpes

INGRÉDIENTS

400g de pâtes

300 g de cèpes purs

200 g de crème liquide

1 gousse d'ail

1 verre de cognac

Sel

Développement

Faites cuire les pâtes dans une grande quantité d'eau salée. Filtrer et rafraîchir.

Faites revenir une gousse d'ail finement hachée et ajoutez les champignons tranchés. Cuire à feu vif pendant 3 minutes. Ajouter le cognac et cuire jusqu'à ce qu'il soit presque sec.

Ajoutez la crème et laissez cuire encore 5 minutes. Disposer les pâtes et la sauce dans des assiettes.

ASTUCE

Si ce n'est pas la saison des cèpes, les champignons séchés seront une bonne solution.

GRILLE À PIZZA

INGRÉDIENTS

Pour les masses

250 g de farine

125 g d'eau tiède

15 g de levure fraîchement pressée

huile d'olive

Sel

Sauce barbecue

1 tasse de tomates frites

1 tasse de ketchup

½ tasse de vinaigre

1 cuillère à café d'origan

1 cuillère à café de thym

1 cuillère à café de cumin

1 gousse d'ail

1 canette de Coca Cola

1 piment de Cayenne, haché

½ oignon

huile d'olive

sel et poivre

autres ingrédients

Viande hachée (au goût)

Tranches de poitrine de poulet (au goût)

Bacon haché (au goût)

diverses tartes au fromage

Développement

Pour les masses

Versez la farine avec une pincée de sel dans un bol et formez un volcan. Ajoutez un peu d'huile, de l'eau et de la levure écrasée et pétrissez pendant 10 minutes. Couvrir d'un linge ou d'un film transparent et laisser reposer 30 minutes.

Lorsque la pâte a doublé son volume d'origine, saupoudrez le plan de travail de farine et étalez-la en forme ronde.

Sauce barbecue

Coupez l'oignon et l'ail en petits morceaux et faites-les revenir. Ajouter les tomates frites, le ketchup et le vinaigre et cuire 3 minutes. Ajouter le poivre de Cayenne, l'origan, le thym et le cumin. Mélangez et ajoutez une canette de Coca-Cola. Cuire jusqu'à formation d'une consistance épaisse.

Fin

Faites revenir la viande, le poulet et le bacon dans une poêle.

Tapisser une plaque à pâtisserie de papier sulfurisé et y déposer la pâte à tartiner. Garnir d'une couche de sauce barbecue, d'une autre couche de fromage, d'une autre couche pour la viande, recouvrir d'une autre couche de fromage et terminer par une couche de sauce.

Préchauffez le four à 200°C et faites cuire la pizza pendant environ 15 minutes.

ASTUCE

Ne mettez pas trop de garniture dessus, sinon le gâteau ne cuira pas bien et sera cru.

RISOTTO AUX SAUCISSES BLANCHES AU VIN ROUGE ET ARUCOLA

INGRÉDIENTS

240 g de riz boisé (70 g par personne)

150 g de parmesan

100 g de roquette fraîche

600 ml de bouillon de viande ou de volaille

2 saucisses blanches allemandes

2 cuillères à soupe de beurre

1 oignon

1 gousse d'ail

1 verre de vin blanc rouge

huile d'olive

Sel

Développement

Épluchez l'oignon et la gousse d'ail et coupez-les en petits morceaux. Faire revenir dans 1 cuillère à soupe de beurre à feu doux pendant 10 minutes. Ajouter le riz et cuire encore 1 minute. Ajoutez le vin et réservez jusqu'à évaporation complète.

Ajoutez le bouillon bouillant et le sel (il doit être 1 doigt au-dessus du riz). Remuez constamment et ajoutez plus de bouillon après avoir mangé.

Coupez les saucisses en petites tranches et faites-les revenir dans une poêle. Lorsque le riz est presque cuit et légèrement velouté, ajoutez les saucisses frites.

Ajoutez enfin le parmesan et une autre cuillère à soupe de beurre et mélangez. Laisser reposer 5 minutes. Juste avant de servir, déposez la roquette dessus.

ASTUCE

Le meilleur riz pour cette préparation est l'Arborio ou le Carnaroli.

PÂTES AUX CREVETTES, RUBANS DE LÉGUMES ET SOJA

INGRÉDIENTS

400g de pâtes

150 g de crevettes décortiquées

5 cuillères à soupe de sauce soja

2 carottes

1 courgette

1 cf

huile d'olive

Sel

Développement

Faites cuire les pâtes dans une grande quantité d'eau bouillante salée. Filtrer et rafraîchir.

Pendant ce temps, nettoyez le poireau et coupez-le en bâtonnets fins et longs. A l'aide d'un éplucheur de pommes de terre, coupez les courgettes et les carottes en tranches.

Faites revenir les légumes dans une poêle chauffée avec un peu d'huile pendant 2 minutes. Ajouter les crevettes et faire revenir encore 30 secondes. Ajouter le soja et les pâtes et cuire encore 2 minutes.

ASTUCE

Vous n'avez pas besoin d'ajouter du sel à la sauce car le soja en contient déjà beaucoup.

Pâtes à la rose, calamars et crevettes

INGRÉDIENTS

1 kg de calamar

400 g de pâtes fines

1 litre de bouillon de poisson

16 crevettes décortiquées

3 gousses d'ail

1 cuillère à soupe de paprika

¼ litre d'huile d'olive

Développement

Coupez les calamars en morceaux et faites-les revenir dans une poêle avec l'ail. Réservations.

Faites bien frire les pâtes dans une grande quantité d'huile. Lorsqu'ils sont dorés, sortez-les et égouttez-les.

Placez les pâtes dans la poêle à paella, ajoutez le paprika en poudre et faites revenir 5 secondes. Humidifiez avec le bouillon, ajoutez l'ail frit et les calamars.

Lorsque les pâtes sont presque prêtes, ajoutez les crevettes. Réserver 3 à 4 minutes et servir chaud.

ASTUCE

La façon la plus typique de servir ce plat est de l'accompagner d'une sauce aïoli.

Pâtes au filet de bœuf au chou

INGRÉDIENTS

250 g de pâtes

200 g de fromage Cabrales

125 ml de vin blanc

¾l de crème

4 tranches de steaks de filet de bœuf

huile d'olive

sel et poivre

Développement

Coupez la longe de porc en fines lanières. Salez, poivrez et faites revenir dans une poêle chauffée. Réservations.

Laissez bouillir le vin avec le fromage. Ajoutez la crème en remuant constamment et laissez cuire à feu doux pendant 10 minutes. Ajouter le filet et faire revenir encore 3 minutes.

Cuire les pâtes dans une grande quantité d'eau bouillante salée. Filtrer mais ne pas rafraîchir. Ajouter les pâtes à la sauce et mélanger pendant 1 minute.

ASTUCE

Il est préférable de préparer les pâtes à la dernière minute car les sauces y adhéreront mieux.

POT DE FLEUR DE MONTAGNE

INGRÉDIENTS

200 g de haricots blancs

200 g de côtes de porc

150 g de bacon frais

100 g de chorizo frais

1 cuillère à soupe de paprika

2 pommes de terre

1 oreille de cochon

1 talus

1 cuisse de porc

1 boudin noir

1 navet

1 chou frisé

Sel

Développement

Laissez tremper les haricots pendant 12 heures.

Cuire toute la viande, les poivrons et les haricots à feu doux dans de l'eau froide pendant 3 heures ou jusqu'à ce qu'ils soient tendres. Retirez la viande car elle est tendre.

Lorsque les haricots sont presque cuits, ajoutez les betteraves et les pommes de terre coupées en morceaux moyens et laissez cuire 10 minutes.

Cuire la julienne de chou séparément jusqu'à ce qu'elle soit tendre. Ajouter au ragoût et cuire encore 5 minutes. Sel correct.

ASTUCE

Coupez la viande, servez-la dans une assiette et mettez le goulasch dans une soupière.

HARICOTS TOLOSA

INGRÉDIENTS

500 g de haricots tolosa

125 g de lardons

3 gousses d'ail

1 poivron vert

1 oignon

1 saucisse

1 boudin noir

huile d'olive

Sel

Développement

Faites tremper les haricots pendant 10 heures.

Versez de l'eau froide sur les haricots, les lardons, le chorizo et le boudin noir. Faire revenir avec la moitié de l'oignon et un peu d'huile. Cuire à feu très doux pendant environ 2 ha.

Hachez finement le poivron avec le reste de l'oignon et de l'ail. Cuire lentement pendant 10 minutes et ajouter aux haricots. Assaisonner de sel et cuire encore 3 minutes.

ASTUCE

Si le ragoût sèche pendant la cuisson, ajoutez de l'eau froide.